Merve Verlag

Dispositive der Macht

Michel Foucault

Über Sexualität, Wissen und Wahrheit

Merve Verlag Berlin

1 Berlin 15, Postfach 327. Printed in Germany.
Satz: Isolde Eckle. Druck u. Binderarbeiten: Dressler, Berlin. Umschlagentwurf: "Betrieb", Köln.
ISBN 3-920986-96-2

INHALT

Das frz. Wort "le sexe" bedeutet im Deutschen "das Geschlecht", kann aber auch mit "der Sex" wiedergegeben werden - eine Möglichkeit, für die sich die Übersetzer des ersten Bandes von "Sexualität und Wahrheit", "Der Wille zum Wissen", Ffm. 1977 entschieden haben, vgl. dort die Fußnote auf Seite 14. Die Übersetzer der in diesem Band versammelten Aufsätze und Gespräche verzichten bewußt auf eine vereinheitlichende Übersetzung von "le sexe".

Zu den in diesem Band erwähnten Büchern von Michel Foucault siehe Seite 231.

FRANÇOIS EWALD
FOUCAULT -EIN VAGABUNDIERENDES DENKEN

Es sei seine Absicht, so erklärt uns Foucault, die Geschichte der Gegenwart zu schreiben (1). Und dies anhand von immer schon lokalen und regionalen Geschichten wie "Wahnsinn und Gesellschaft", "Die Geburt der Klinik", "Überwachen und Strafen" und "Der Wille zum Wissen", mit Vorsprüngen, Verschiebungen in der Methode, den Problemen und Perspektiven, in denen er die Wurzeln unserer Identität aufspürt und die Geburt unseres moralischen, politischen Willens wie auch unseres Willens zum Wissen wiederfindet. Geduldige und minutiöse Arbeit des Archäologen und Genealogen, bei der es nicht darum geht, nach dem Universalen, Zeitlosen, Ewigen in uns, in unserer Natur, unserem Unbewußten oder gar unserem Körper zu forschen, nach einer ursprünglichen, vergessenen, verborgenen und verdrängten Wahrheit, die zu befreien wäre und die von Zeit zu Zeit in den Lärm der Geschichte einbrechen würde, sondern im Gegenteil darum, in jeder der Figuren, in denen wir uns erkannt haben, etwas Transitorisches, Singuläres und Sterbliches aufzuzeigen. Eine kritische Arbeit, mit der Foucault die oftmals beschämende und immer säkuläre Herkunft unserer Gewißheiten, unserer Überzeugungen und unserer Wahrheiten aufdeckt.

So demontiert Foucault mit jedem Arbeitsschritt die Unterwerfungen, die uns produzieren und konstituieren; jedesmal befreit er neue Denk-Räume, neue Möglichkeiten, und zeichnet als Hohlform die Perspektive einer neuen Zukunft. Bemerkenswert aber ist, daß Foucault, wenn diese Räume einmal erschlossen sind, sich weigert, von ihnen Besitz zu ergreifen. Foucault liefert uns keine Theorie, er produziert keine Thesen, allenfalls zu verifizierende Hypothesen. Keine der Geschichten, die er geschrieben hat, mündet in Seinsaussagen ein: "Wahnsinn und Gesellschaft" bevorwortet keine Theorie des Wahnisnns, "Überwachen und Strafen" keine Theorie der Delinquenz und "Der Wille zum Wissen" sagt keine neue Wahrheit über die Sexualität an. Als hätte Foucault mit jenem Spiel der Wahrheit und des Irrtums gebrochen, das der Kritik abverlangt, die Wahrheit dessen auszusagen, was sie denunziert und in Frage stellt. Überhaupt, selbst wenn er an etwas rüttelt - Foucault polemisiert nicht. Er spricht nicht im Namen einer Wahrheit, die insgeheim sich in seinem Besitz befindet. Foucault greift niemanden an. Wenn er an aktuellen Auseinandersetzungen teilnimmt, dann niemals frontal, an einem in den Kategorien unseres Wissens zuweisbaren Platz, sondern immer auf Distanz, indem er mit Ironie und fröhlicher Wissenschaft eine bestimmte Kunst des Ausweichens anwendet. Überall dabei, ist der doch immer anderswo, dort, wo man ihn nicht erwartet. Schwer greifbar und flüchtig. Man könnte mit Foucault von einem vagabundierenden Denken sprechen (2).

Was das für Ärger, Aufregung und Ungeduld hervorruft, ist bekannt. Die Arbeit, die Foucault durchführt und die jedermann als notwendig und wesentlich anerkennt, hinterläßt Unzufriedenheit. Die einen, die das ihm selbst zuzuschreiben suchen, sprechen von einem "Spiel Foucaults" (2a), die anderen sagen "er gibt sich Mühe". Foucault wäre dazu verurteilt, bei jeder Gelegenheit dieselbe Operation zu wiederholen, ohne je zu einer positiven Feststellung kommen zu können. Auf so viele Weisen sucht man ihn dazu zu provozieren, sich zu fragen: was willst Du? Was hoffst Du? Worauf willst Du damit hinaus? Was steht hinter Deiner kritischen Arbeit? In wessen Namen, warum führst Du sie durch? Man fordert ihn auf, Partei zu ergreifen, auf die dringenden Fragen unserer Zeit zu antworten. Man erwartet, daß er uns einen großen Entwurf vorlegt, daß er für uns eine große Politik formuliert, eine große Wahrheit, die man wollen, verteidigen, für die man sich schlagen kann. Indem er die lokalen Geschichten vervielfältigt, würde Foucault wie die Katze um den heißen Brei herumschleichen; seine Arbeit soll einen Schatz von Gedanken verbergen, die nicht aussprechen zu können er verdammt wäre, theoretische und politische Thesen und Aussagen, die ihr endlich ihren Sinn und ihren Wert geben würden.

Dazu eine Frage! Ist es denn der Fehler Foucaults, das Zeichen einer Unfähigkeit, wenn er derart mit Hypothesen zu Werke geht, wenn er nicht polemisiert und unseren Forderungen nicht nachkommt? Ist es nicht vielmehr so, daß wir Foucault von Imperativen aus lesen, die nicht die seinen sind, sehr alten Imperativen, die zu bekämpfen er niemals aufgehört hat und deren Geschichte er in seinem letzten Buch schreibt; lesen wir ihn nicht ausgehend von einem *Geständnis*-Imperativ? Heißt das nicht, Foucault auf jene Figur des Autors, der Autorität reduzieren zu wollen, von der er sich zu befreien bestrebt war, ihn in ein Machtverhältnis einzuschließen, an dessen Zerstörung er arbeitet? Eher verhält es sich doch wohl so, daß unsere Forderungen und Imperative von Foucault her hinterfragt werden müssen; denn sie sind es, die die Positivität seiner Arbeit verschleiern und uns ihr gegenüber taub machen. Liegt nicht im *Stil* Foucaults, in seiner Haltung, seinem Ausweichen, in der Art und Weise, wie er Probleme und Fragen stellt, in der Ausarbeitung seiner Methode, eine neue Antwort auf die politischen und theoretischen Sackgassen

unserer Zeit, eine Möglichkeit, durch sie mit den endlosen Debatten, deren Gefangene wir sind, zu einem Ende zu kommen?
Die Geschichte der Gegenwart, die Geschichte unserer Identität formuliert Foucault als Analyse der Verhältnisse von Macht und Wissen in unserer Gesellschaft. Die allgemeine Hypothese seiner Arbeit würde darin bestehen, daß die Beziehungen, Strategien und Technologien der Macht, die uns konstituieren, uns durchqueren und ausmachen, von Formationen des Wissens und der Wahrheit begleitet sind, die sie ermöglichen und produzieren und die unentbehrlich für sie sind, um sich als evident und naturgegeben zu verfestigen und sich damit zugleich unsichtbar zu machen. Umgekehrt muß die Analyse des Wissens, der diskursiven Formationen und ihrer Aussagen in Abhängigkeit von den Machtstrategien durchgeführt werden, die in einer gegebenen Gesellschaft die Körper und die Willen besetzen. Der Geburt der Humanwissenschaften geht Foucault heute von den Machtverhältnissen her nach, die sie zugleich möglich und notwendig gemacht haben. Der "Ökonomie der Macht", die eine Gesellschaft charakterisiert, entspricht eine Ökonomie der Wahrheit, der Verfahren ihrer Erpressung, ihrer Verbreitung und ihrer Herrschaft.
Zwei große Fragen ziehen sich also durch die Werke Foucaults, doch nur als zwei Seiten ein und derselben Fragestellung: was ist Macht? was ist Wahrheit? Die Frage nach der Macht ist die politische, die Frage nach der Wahrheit die philosophische Frage. Aufgrund der Verschiebungen, die er in sie einbringt, wenn er die Frage nach der Macht nicht im Sinne einer Theorie der Macht, sondern im Sinne einer "Analytik" (3), einer "politischen Anatomie" (4) stellt, aufgrund seines Studiums der Modalitäten ihrer Ausübung, seines Studiums der Wahrheit wie der Geschichte der Inter-

ventionen der Wahrheit abseits von Problemen der Wissenschaft und der Ideologie, jenseits von wahr und falsch, kann man Foucault zugleich anti-politisch und anti-philosophisch nennen.

Zur Frage nach der Macht. Mit einer Geste, die der Machiavellis gleicht, als dieser das Studium der Macht von moralischen Geboten befreit, befreit Foucault es von den Erfordernissen und Imperativen der Politik: er wendet die Frage nach der Macht gegen die Politik. Es handelt sich darum, die Macht in der Positivität ihres Funktionierens zu beschreiben und jene negative Form hinter sich zu lassen, in der traditionell der politische Diskurs sie begriff: Macht als dasjenige, was fortwährend zu denunzieren sei, als vielgestaltige Figur, als neue unendlich listige Vernunft in der Geschichte. Also nicht von unseren Träumen ausgehen, von unseren Hoffnungen, vom Bezug auf die Revolution, nicht die Bedingungen einer guten Macht, einer legitimen Macht oder einer guten Verfassung erforschen, keine Gesetze geben; keine Theorie der Macht aufstellen, die hinter ihren Objektivitätsansprüchen ja niemals etwas anderes wäre als ebensoviele Aussagen darüber, was die Macht sein soll; sondern viel eher die konkreten Bedingungen ihrer Ausübung analysieren. Als Waffe bietet sich dabei die Geschichte an - Geschichte jedoch nicht als dasjenige, dessen Gesetze zu formulieren wären und was aus der Politik eine Wissenschaft machte, sondern als Genealogie, als dasjenige, was zu entschleiern erlaubt, was die politische Formulierung der Machtprobleme verbirgt, verschleiert und zum Geheimnis macht. So zeigt Foucault, wie die juridische Konzeption der Macht (Gesetzes-Macht, Repressions-Macht, Verbots-Macht) ihr produktives und wirkungsvolles Funktionieren, ihre Vorsprünge und Friese verhüllt. "Alles ist Politik" - gewiß; doch nicht in dem Sinn, daß die gesellschaftlichen Probleme ihre Wahrheit in einer Politik der Apparate finden. Im Gegenteil: die Analytik der Macht muß es ermöglichen, den Boden unserer Politiken wiederzufinden und eine Geschichte der Politisierung der Probleme zu schreiben.

Die Frage nach der Macht ist nicht zu trennen von der Frage nach den Widerständen gegen die Macht. "Wo es Macht gibt, gibt es Widerstand" (5) und die Macht lebt im Element der "immerwährenden Schlacht" (6). Wie ist dieses Verhältnis von Macht und Widerstand zu verstehen? Foucault macht hier gegen die Tradition deutlich, daß der Antagonismus der Kämpfe nicht einer Logik der Gegensätze, des Widerspruchs und der gegenseitigen Ausschließung der beiden entgegengesetzten und getrennten Terme folgt. "Der Widerstand liegt niemals außerhalb der Macht" (7). Das impliziert einerseits, daß "es die Macht nicht gibt"(8), jedenfalls nicht in dem Sinn, daß man etwas identifizieren könnte, das von Natur aus Macht wäre, den Staat, Individuen oder Klassen, etwas, was die Eigenschaften der Macht hätte und von außen ihrem Objekt sich auferlegte, um es zum Gehorsam zu zwingen und zu unterdrücken. Die von Foucault zur Beschreibung der Macht herausgearbeiteten Konzepte der Strategie, des Dispositivs, der Technologie und der Ökonomie schliessen die Auflösung der großen Einheit der Macht ein. Die Macht gehört zur Ordnung der Beziehung. Ebensosehr wie sie entgegensetzt, stellt die Macht auch Verbindungen her. Wo man unterstellte, daß in einem Kampf, einem vergeblichen und radikalen Kampf, zwischen den beiden miteinander kämpfenden Termen keinerlei Gemeinsamkeit bestehen darf, lädt Foucault dazu ein, ihre Verbindung, ihr Verhältnis zu erfassen. Einer durch Repression agierenden Macht stellt Foucault die Machttaktiken gegenüber, das heißt die Verwaltung, die Ausnutzung eines Kräfteverhältnisses zu dem Zweck, daraus Wirkungen der Herrschaft, des Machtgewinns und -profits zu ziehen. Die Macht, so ließe sich formulieren, ist immer ein Verhältnis von Machtverhältnissen. "Zweifellos muß man Nominalist sein: die Macht ist nicht eine Institution, ist nicht eine Struktur, ist nicht eine Mächtigkeit einiger Mächtiger. Die Macht ist der Name, den man einer komplexen strategischen Situation in einer Gesellschaft gibt"(9).

Zweite Implikation: ebenso wie die Herrschaftsstrategien sich auf immer schon gegebene Kräfteverhältnisse stützen, ohne daß es jemals nötig wäre, sich auf die Suche nach irgendeinem Ursprung der Macht zu begeben, so stützen sich auch der Widerstand, seine Überlegungen, seine Ziele und seine Taktiken auf Aneignungen von Macht, um sie zu modifizieren, zu transformieren, umzukehren und eine Herrschaft oder Unterwerfung abzuschaffen. Die Machtbeziehungen, die Taktiken der Macht und der Gegenmacht definieren nicht von Natur aus isolierte Klassen, die in sich selbst die Quelle ihrer Frontstellung haben, sondern sie definieren eher eine Gesellschaft - oder anders gesagt: eine Gesellschaft ist eher ausgehend von der Ökonomie der Macht zu definieren, die in ihr ausgeübt wird und aus der zugleich die Machtstrategien und der Widerstand gegen die Macht hervorgehen.

Das zeigt "Der Wille zum Wissen" an den Kämpfen um die sexuelle Befreiung: wohl handelt es sich dabei um Kämpfe - aber um Kämpfe, deren Themen, Ziele und Zielscheiben von den Machtverhältnissen abhängen, in denen sie befangen sind und die sie bekämpfen.
Ein Perspektivenwechsel, der eine neue Konzeption der Kämpfe einschließt, eine neue Idee der Revolution und eine neue politische Philosophie. Das poli-

tische Denken, das revolutionäre Denken unterstellt noch immer eine in zwei Pole gespaltene Gesellschaft, zwei radikal entgegengesetzte und inkomensurable Klassen. Foucault macht einerseits deutlich, daß dieses Denken der Revolution seine Gründe und Bedingungen ohne Zweifel in eben den Machtbeziehungen findet, die es angreift, daß also das, was wir als Revolution begreifen, sehr wohl Produkt dessen und befangen in dem bleiben kann, gegen das es ankämpft; und andererseits, daß es eine Möglichkeit gibt, die Kämpfe ohne Bezugnahme auf die Revolution zu denken.

Die Kämpfe in ihrer Anhängigkeit von Machtbeziehungen zu begreifen, das bedeutet nicht so sehr, daß sie immer in die Falle gehen, daß es niemals gelingt, der Macht und ihrem Zugriff zu entkommen, oder daß die Macht immer Sieger bleibt. Vielmehr werden auf diese Weise die Kämpfe anders situiert, in einer anderen Perspektive begriffen. Foucault macht deutlich, daß die politischen Einsätze vielleicht weniger aufseiten verdrängter und zu befreiender Ideen, Inhalte oder Wahrheiten einzuordnen sind, sondern mehr auf seiten dessen, was auf sie einen Zwang ausübt, sie nötigt und aus dem sie hervorgehen, also auf seiten dessen, was er die "Machtökonomie" einer gegebenen Gesellschaft nennt. Mit dieser Idee einer Ökonomie der Macht ordnet Foucault die politischen Einsätze nicht mehr den in einer Machtergreifung durchzusetzenden Inhalten zu, sondern der Form der Macht selbst, ihrem Regime und ihrer Ökonomie. Es dreht sich weniger darum, gegen die Ungerechtigkeiten der Justiz und für eine gerechtere Justiz zu kämpfen (denn was sollte das heißen, wenn man nicht mehr in der Weise Platons die Wirklichkeit der Idee der Justiz unterstellen will?), als vielmehr darum, gegen die Justiz als Bestandteil einer Machtökonomie zu kämpfen,

also auch gegen die dazugehörigen Arten von Wissen sowie die ausgeklügelten politischen Technologien, auf die sie sich stützen.
Hier rührt man vielleicht an die politische Positivität der Arbeit Foucaults. In der Ökonomie der Macht, die uns regiert, durch gleichermaßen praktische wie theoretische Kämpfe eine Transformation produzieren und provozieren - statt sich im Inneren ein und derselben Machtökonomie zu schlagen und zu widersetzen. Zugleich versteht man Foucaults Beteiligung an politischen Kämpfen im Rahmen der G.I.P., mit den sowjetischen Dissidenten, aber auch seine Distanz, seine Absetzung, sein theoretisches Ausweichen. Die Analytik der Macht ist also nicht bloß eine negative und kritische Arbeit. In der geduldigen Formulierung ihrer Konzepte und ihrer Methode kann man den Vorsprung einer zugleich neuen und positiven politischen Philosophie ablesen.
"Mein Problem", erklärt Foucault, "ist die Politik des Wahren" (10). Wie formuliert er diese Politik? "Das Problem besteht nicht darin, Unterscheidungen herzustellen zwischen dem, was in einem Diskurs von der Wissenschaftlichkeit und von der Wahrheit und dem, was von anderem abhängt, sondern darin, historisch zu sehen, wie Wahrheitswirkungen im Innern von Diskursen entstehen, die in sich weder wahr noch falsch sind." (11) Indem er die Wahrheit ins Zentrum seiner Arbeit stellt, beabsichtigt Foucault also nicht, Irrtümer zu denunzieren, um an ihren Platz neue Wahrheiten zu setzen, die Irrtümer der Psychiatrie durch die Wahrheit des Wahnsinns zu ersetzen, die Lügen der Justiz durch die Wahrheit des Kriminellen oder die des Humanismus durch die Wahrheit des Menschen, sondern in einer gegebenen Gesellschaft für diesen oder jenen historischen Zeitabschnitt zu untersuchen, wie in ihr so etwas wie

die Wahrheit produziert und extrahiert wird, wie die Wahrheit in ihr funktioniert, mit welchen Effekten der Ausschließung, Invalidation und Disqualifikation für andere Diskurse und andere Arten des Wissens. Das Problem der Wahrheit ist weniger das ihrer Entdeckung als das ihrer Erfindung, weniger das von Wissenschaft im Gegensatz zu Ideologie als das der Prozeduren ihrer Produktion und des Regimes ihres Funktionierens.
Die Wahrheit, der Diskurs und das Wissen sind nicht mit dem Sein, mit dem Objekt, der Realität oder den Dingen in Beziehung zu bringen, sondern mit den Machttechniken, die sie ermöglichen, produzieren, ihnen die Bedingungen ihrer Möglichkeit geben und sie zugleich legitimieren und konsolidieren. Folgen wir dem "Willen zum Wissen". In der Analyse Foucaults lassen sich zwei Phasen beobachten. Zunächst handelt es sich darum, die Wahrheit über den Sex auf einen "Willen", eine "Nachfrage nach Wissen" zu beziehen, deren Singularität Foucault aufzeigt: scientia sexualis gegen ars erotica (12). Die Sexualisierung des Körpers durch die Macht (Hysterisierung des weiblichen Körpers, Pädagogisierung des kindlichen Sex, Sozialisierung des Fortpflanzungsverhaltens, Psychiatrisierung der perversen Lüste) geht Hand in Hand mit einer Technik der Wissensproduktion, mit einem allgemeinen Verfahren der Ermittlung von Wahrheit: dem Geständnis, dessen historische Transformationen Foucault aufzeigt. Die Wahrheit über den Sex als Identifizierung unserer Wahrheit mit der Wahrheit unserer Sexualität ist an die großen Strategien der Macht gebunden, die seit dem 18. Jahrhundert die Sexualität produzieren und uns unsere sexuelle Identität geben. Unsere Wahrheiten über den Sex bilden einen Teil jenes Machtdispositivs, das Foucault "Dispositiv der Sexualität" nennt und das dazu geführt hat, unseren

Körper und seine Lüste in seinem Sex abzukapseln.

Zweite Phase der Analyse: nicht nur gehört die Produktion einer sexuellen Wahrheit zu den Dispositiven der Macht, die unsere Körper besetzt, sondern das Dispositiv selbst produziert den Gegenstand, auf den es sich bezieht und dessen Wahrheit es zu entdecken vorgibt. Der Sex und seine Wahrheit sind vom Sexualitätsdispositiv nicht verdrängt, unterdrückt und pervertiert worden, im Gegenteil, sie wurden von ihm als wesentlich "imaginäres Element" produziert. "Der Begriff des Sexes (hat) eine wichtige Wendung ermöglicht: er erlaubt die Vorstellung von den Beziehungen der Macht zur Sexualität umzukehren, so daß diese nicht in ihrer wesenhaften und positiven Beziehung zur Macht erscheint, sondern als verankert in einer eigenartigen und selbständigen und von der Macht bedrohten Instanz" (13). Wenn die Wahrheit und der Irrtum keinen Gegensatz bilden, dann kann die Wahrheit ein Synonym der Illusion, der Falle und des Betrugs sein. Die Produktion der Wahrheit über den Sex bedeutet nicht unsere Befreiung; ganz im Gegenteil, sie verstärkt die Unterwerfungen, in denen wir befangen sind.
Daraus ergibt sich eine Reihe von politischen Konsequenzen. Wenn es darum geht. im Namen der Wahrheit für die Wahrheit zu kämpfen, dann künftig nicht mehr in dem Sinne, daß den Irrtümern der einen und den Lügen der anderen unterschlagene, verborgene und denaturierte Wahrheiten entgegenzuhalten sind, nicht mehr in dem Sinne einer Produktion wahrer Aussagen, sondern im Sinne eines Kampfes gegen das Regime der Wahrheit, gegen ihre politische Ökonomie. Demgemäß formuliert Foucault folgendes allgemeines Programm: "Das fundamentale Problem der Intellektuellen ist nicht die Kritik möglicher ideologischer

Inhalte der Wissenschaft, liegt nicht darin, seine wissenschaftliche Praxis mit einer richtigen Ideologie zu verbinden. Es besteht darin, herauszufinden, ob es möglich ist, eine neue Politik der Wahrheit zu konstituieren. Nicht die Veränderung des 'Bewußtseins' der Menschen oder dessen, was in ihrem Kopf steckt, ist das Problem, sondern die Veränderung des politischen, ökonomischen und institutionellen Systems der Produktion der Wahrheit. Es geht nicht darum, die Wahrheit von jeglichem Machtsystem zu befreien - das wäre ein Hirngespinst, denn die Wahrheit selbst ist Macht - sondern darum, die Macht der Wahrheit von den Formen gesellschaftlicher und kultureller Hegemonie zu lösen, innerhalb derer sie gegenwärtig wirksam ist." (14)
Das gilt für die lokalen Kämpfe, deren Notwendigkeit Foucault in seinem Vorwort zu B. Cuaus Buch "L'affaire Mirval"(15) andeutet: "Die Wahrheit anwenden, wo immer das möglich ist, aus ihr einen Punkt irreduziblen Widerstandes machen."
Jene Wahrheiten einwenden, die von der gesellschaftlichen Ökonomie entwertet und ausgeschlossen werden. Übrigens definierte Foucault in einer seiner Vorlesungen am Collège de France folgendermaßen die Genealogie: "Genealogien sind gerade Anti-Wissenschaften... Aufstände der einzelnen Wissensarten gegen die zentralisierenden Machtwirkungen, die mit der Institution und dem Funktionieren eines wissenschaftlichen Diskurses verbunden sind, wie er in einer Gesellschaft wie der unsrigen organisiert ist." (16)

Vor allem aber gilt das für eine neue Definition der Aufgaben und der Arbeit des Intellektuellen: der "universelle" Intellektuelle, Herr der Wahrheit, Prophet seiner Zeit, muß ersetzt werden durch den "spezifischen" Intellektuellen. Geben wir Foucault das Wort:

"Ich denke, daß die Intellektuellen - sofern diese Kategorie noch existiert oder noch existieren soll, was nicht sicher, was vielleicht nicht einmal wünschenswert ist - auf ihre alte prophetische Funktion verzichten. Und damit meine ich nicht bloß ihren Anspruch zu sagen, was geschehen wird, sondern auch die Funktion des Gesetzgebers, nach der sie so lange gestrebt haben: "Das muß man machen, das ist gut, folgt mir! Ich bin der Anhaltspunkt in eurer Bewegung!" Die Modelle des griechischen Weisen, des jüdischen Propheten und des römischen Gesetzgebers spuken immer noch in den Köpfen derer, die heute von Berufs wegen sprechen und schreiben. Ich träume von dem Intellektuellen als dem Zerstörer der Evidenzen und Universalien, der in den Trägheitsmomenten und Zwängen der Gegenwart die Schwachstellen, Öffnungen und Kraftlinien kenntlich macht; der fortwährend seinen Ort wechselt, nicht sicher weiß, wo er morgen sein noch was er denken wird, weil seine Aufmerksamkeit allein der Gegenwart gilt; der wo er gerade ist, seinen Teil zu der Frage beiträgt, ob die Revolution der Mühe wert ist und welche (ich meine: welche Revolution und welcher Mühe), wobei sich von selbst versteht, daß nur die die beantworten können, die bereit sind, ihr Leben aufs Spiel zu setzen, um sie zu machen. Was all die Fragen nach Einordnung oder Programm betrifft, die man uns stellt: "Sind Sie Marxist?", "Was würden Sie machen, wenn Sie die Macht hätten?", "Wer sind Ihre Verbündeten und wo sind Sie Mitglied?" - das sind Fragen, die wirklich zweitrangig sind gegenüber der, die ich eben genannt habe, denn das ist die Frage von heute." (17)

Aus dem Französischen von Hans-Joachim Metzger.

Anmerkungen:

(1) Michel Foucault, Überwachen und Strafen, Frankfurt/M. 1976, S.43
(2) A.d.Ü. Im Original "une pensée sans aveu." Das französische "aveu" hat vorrangig die Bedeutung von"Geständnis." Das vagabundierende Denken Foucaults ist zugleich ein nicht geständiges, ein geständnisloses Denken.
(2a) vgl. Le jeu de Michel Foucault, Interview in: "Ornicar?", Bulletin periodique du Champ freudien, No.10, Juillet 1977, p.66 (vgl. in diesem Band S. 118-175)
(3) Michel Foucault, Sexualität und Wahrheit, Erster Band: Der Wille zum Wissen, Frankfurt/M. 1977, S.102
(4) Überwachen und Strafen S.42
(5) Der Wille zum Wissen, S.116
(6) Überwachen und Strafen, S.38
(7) Der Wille zum Wissen, S.116
(8) in diesem Band S. 126
(9) Der Wille zum Wissen, S.114
(10) in diesem Band S. 189
(11) in diesem Band S.34
(12) Der Wille zum Wissen, S.67ff.
(13) Der Wille zum Wissen, S.184
(14) in diesem Band S.54 (Hervorheb. F.E.)
(15) La France Sauvage, Paris 1976
(16) in diesem Band S. 62/63
(17) in diesem Band S. 197/198

WAHRHEIT UND MACHT
Interview mit Michel Foucault
von Alessandro Fontana und Pasquale Pasquino

FRAGE:Sie sind für das italienische Publikum der Autor von "Wahnsinn und Gesellschaft", "Die Ordnung der Dinge" und jetzt von "Überwachen und Strafen". Können Sie kurz den Werdegang beschreiben, der Sie von der Arbeit über den Wahnsinn im Zeitalter der Klassik zur Untersuchung von Kriminalität und Delinquenz geführt hat?

FOUCAULT: Als ich meine Forschungen begann, in den Jahren 1950-55, war eines der großen Probleme das des politischen Status der Wissenschaft und ihrer ideologischen Funktionen. Es ging nicht so sehr um das Problem Lyssenko, obschon ich glaube, daß im Zusammenhang mit dieser unerfreulichen Geschichte, die so lange Zeit begraben war und sorgfältig verheimlicht wurde, ein ganzer Komplex interessanter Fragen aufgetreten ist. Man kann sie in zwei Worten zusammenfassen: Wissen und Macht.
Ich glaube, daß ich "Wahnsinn und Gesellschaft" ein wenig der Spur dieser Probleme folgend geschrieben habe. Für mich ging es um folgendes: wenn wir an eine Wissenschaft wie die theoretische Physik oder die organische Chemie das Problem ihrer Beziehungen zu den politischen und ökonomischen Strukturen der Gesellschaft herantragen, werfen wir dann nicht ein zu kompliziertes Problem auf? Setzen wir nicht die Ebene der möglichen Erklärung zu hoch an? Nehmen wir dagegen ein Wissen wie die Psychiatrie, wird dann nicht das Problem viel leichter zu lösen sein, insofern nämlich das epistemologische Profil der Psychiatrie verschwommen ist und die psychiatri-

sche Praxis mit einer ganzen Reihe von Institutionen, unmittelbaren ökonomischen Erfordernissen, politischen Notwendigkeiten und gesellschaftlichen Regeln verbunden ist? Könnten wir nicht im Fall einer so "ungewissen" Wissenschaft wie der Psychiatrie auf "sicherere" Weise das Gewirr der Wissens- und Machtwirkungen aufdecken? Genau dieses Problem wollte ich in "Die Geburt der Klinik" im Zusammenhang mit der Medizin aufwerfen: diese hat sicherlich eine sehr viel stärkere wissenschaftliche Struktur als die Psychiatrie, aber auch sie ist sehr tief mit den gesellschaftlichen Strukturen verflochten.

Was mich dann ein wenig abgelenkt hat, und zwar im genauen Sinn dieses Wortes, war die Tatsache, daß diese Fragen, die ich mir stellte, diejenigen, denen ich sie stellte, überhaupt nicht interessierte. Sie meinten, daß dieses Problem politisch bedeutungslos und epistemologisch uninteressant sei.

Und das aus, wie ich meine, drei Gründen. Erstens bestand das Problem der marxistischen Intellektuellen in Frankreich darin, von der Institution der Universität und vom Establishment anerkannt zu werden - und insofern füllten sie die Rolle aus, die ihnen die KPF vorschrieb; daher mußten sie deren Fragen stellen, sich mit deren Problemen, mit deren Bereichen befassen: "Wir sind gute Marxisten, was Euch beschäftigt, ist uns nicht fremd; doch sind wir als einzige in der Lage, für Eure alten Probleme neue Lösungen zu finden." Der Marxismus wollte als Erneuerung der liberalen, akademischen Tradition anerkannt werden (genau wie sich zu dieser Zeit die Kommunisten - allerdings noch weitgehender - als die einzigen darstellten, die in der Lage waren, die nationalistische Tradition fortzuführen und zu festigen). Daraus folgt - in dem uns hier interessierenden Bereich -, daß sie auch die traditionelleren, "würdigeren" Probleme der Wissenschaftsgeschichte wiederaufnehmen wollten: Mathematik, Physik - kurz, die von Duhem, Husserl, Koyré bearbeiteten Themen. Medizin und Psychiatrie waren weder würdig noch ernsthaft genug, noch auf der Höhe der großen Formen des klassischen Rationalismus.

Der zweite Grund ist darin zu sehen, daß der Stalinismus der nachstalinschen Ära, der alles, was nicht blinde Widerholung des bereits Gesagten war, vom marxistischen Diskurs ausschloß, eine Reise zu noch unerforschten Ufern nicht zuließ. Keinerlei Begriffsbildung, keine gültige Terminologie für Fragen wie die Machtwirkungen der Psychiatrie oder das politische Funktionieren der Medizin; wohingegen die unzählbaren Austauschprozesse, die es seit Marx und, über Engels und Lenin, bis heute zwischen Wissenschaftlern und Marxisten gegeben hat, eine ganze Tradition begründeten, deren Wissenschaftsbegriff der des 19. Jahrhunderts ist. Die Marxisten bezahlten ihre Treue zum alten Positivismus mit dem Preis einer totalen Blindheit gegenüber einer ganzen Reihe die Wissenschaft betreffenden Fragen.

Schließlich gibt es vielleicht noch einen dritten Grund. Ich bin mir allerdings nicht völlig sicher, daß auch er eine Rolle gespielt hat. Ich frage mich jedoch, ob bei den Intellektuellen der KPF (oder den der KPF nahestehenden) nicht eine Weigerung vorhanden war, das Problem der Einschließung, des politischen Gebrauchs der Psychiatrie im allgemeineren Rahmen der Disziplinierung der Gesellschaft zu sehen. In den Jahren 1955-60 kannten wahrscheinlich erst wenige das wahre Ausmaß des Gulag; ich glaube jedoch, daß viele es

ahnten, daß viele das Gefühl hatten, daß es in jedem Fall besser sei, von diesen Dingen nicht zu sprechen: gefährliches Gebiet, Rotlicht. Natürlich ist es schwierig, rückblickend den Grad ihres Bewußtseins zu bemessen. Wie dem auch sei, Ihnen ist bekannt, mit welcher Leichtigkeit die Parteiführung - der natürlich nichts unbekannt war - Weisungen zirkulieren lassen konnte, verbieten konnte, von diesem oder jenem zu sprechen, diese oder jene Forschungsrichtung disqualifizieren konnte. Wenn jedenfalls unter bestimmten, der KPF nahestehenden Ärzten über pawlowsche Psychiatrie gesprochen wurde, so war nicht von der Politik der Psychiatrie bzw. der Psychiatrie als Politik die Rede.
Was ich meinerseits in diesem Bereich zu tun versucht habe, wurde von den Linksintellektuellen in Frankreich mit großem Schweigen aufgenommen. Erst etwa 1968 haben all diese Fragen - der marxistischen Tradition zum Trotz und trotz der KP - ihre politische Bedeutung erlangt, und das mit einer Schärfe, die ich nicht vermutet hatte, was auch zeigte, wie zaghaft und schüchtern meine vorhergehenden Bücher noch waren. Ohne die politische Öffnung dieser Jahre hätte ich wahrscheinlich nicht den Mut gehabt, den Faden dieser Probleme wiederaufzunehmen und meine Untersuchung des Strafsystems, der Gefängnisse, der Disziplinierungen fortzusetzen.

FRAGE: Es gibt also eine gewisse "Diskontinuität" in Ihrem theoretischen Werdegang. Was halten Sie in diesem Zusammenhang heute von diesem Begriff, aufgrund dessen man Sie allzu schnell und leicht zu einem "strukturalistischen" Historiker machen wollte?

FOUCAULT: Diese Geschichte mit der Diskontinuität hat mich immer ein wenig überrascht. In einer eben herausgekommenen Ausgabe des "Petit Larousse" heißt es: "Foucault: Philosoph, der seine Geschichtstheorie auf die Diskontinuität gründete." Das verblüfft mich einfach. Wahrscheinlich habe ich mich in "Die Ordnung der Dinge" nicht hinreichend erklärt, obwohl ich viel davon gesprochen habe. Mir schien, daß in bestimmten empirischen Formen des Wissens, wie der Biologie, der politischen Ökonomie, der Psychiatrie, der Medizin usw. der Rhythmus der Transformationen nicht den allgemein anerkannten, dehnbaren und kontinuitätsfixierten Entwicklungsschemata gehorchte. Das große biologische Bild eines Reifungsprozesses der Wissenschaft impliziert noch einige historische Analysen: mir scheint es historisch unzulässig zu sein. In einer Wissenschaft wie der Medizin zum Beispiel gibt es bis zum Ende des 18. Jahrhunderts einen bestimmten Typ von Diskursen, deren langsame Transformationen innerhalb von 25-30 Jahren nicht nur mit den "wahren" Sätzen gebrochen haben, die bis dahin formuliert werden konnten, sondern viel tiefgreifender mit den Redeweisen, den Sichtweisen, mit dem ganzen Ensemble von Praktiken, die der Medizin als Stütze dienten; es handelt sich nicht einfach um neue Entdeckungen: es geht um eine neue Ordnung des Diskurses und des Wissens. Und dies in wenigen Jahren. Diese Sache kann man einfach nicht leugnen, sobald man sich die Texte mit genügender Aufmerksamkeit betrachtet. Mein Problem war keineswegs zu sagen: nun gut, wir befinden uns in der Diskontinuität, bleiben wir dort, sondern die Frage zu stellen: wie konnte es geschehen, daß es in bestimmten Augenblicken und in bestimmten Ordnungen des Wissens zu diesen plötzlichen Brüchen, diesen überstürzten Entwicklungen, diesen Transformationen kam, die doch so gar nicht der ruhigen und kontinuitätsfixierten Vorstellung entsprechen, die man gewöhnlich davon hat.

Das Wichtige an diesen Veränderungen ist nicht ihre Geschwindigkeit oder ihre Tragweite. Oder besser gesagt, ihre Geschwindigkeit und ihre Tragweite sind nur das Zeichen von etwas anderem: einer Modifizierung der Regeln, nach denen Aussagen entstehen, die als wissenschaftlich wahr anerkannt werden.

Es handelt sich also nicht um eine inhaltliche Veränderung (Widerlegung alter Irrtümer, Entdeckung neuer Wahrheiten), nicht einmal um eine Veränderung der theoretischen Form (Erneuerung des Paradigmas, Modifizierung der methodischen Ensembles); was zur Debatte steht, ist die Frage, was die Aussagen bestimmt und die Art, in der sie sich zueinander verhalten und einen Komplex wissenschaftlich gültiger und infolgedessen mittels wissenschaftlicher Verfahren verifizierbarer oder falsifizierbarer Sätze bilden. Es ist letzten Endes ein Problem der Ordnung, der "Politik" der wissenschaftlichen Aussage. Auf dieser Ebene geht es darum herauszufinden, nicht welche Macht von außen her auf der Wissenschaft lastet, sondern welche Machtwirkungen unter den wissenschaftlichen Aussagen zirkulieren; wie ihr inneres Machtsystem beschaffen ist und wie und warum dieses sich in bestimmten Augenblicken global verändert.
Genau diese verschiedenen Systeme habe ich in "Die Ordnung der Dinge" ausfindig zu machen und zu beschreiben versucht. Dabei habe ich deutlich gemacht, daß ich vorerst nicht versuchen wollte, sie zu erklären und daß man dies in einer weitergehenden Arbeit versuchen müßte. Was jedoch meiner Arbeit fehlte, war dieses Problem der "diskursiven Ordnung", der sich aus dem Spiel der Aussagen ergebenden spezifischen Machtwirkungen. Ich verwechselte sie zu sehr mit der Methodik, der theoretischen Form einer Sache wie dem Paradigma. Dort, wo "Wahnsinn und Gesell-

schaft" und "Die Ordnung der Dinge" zusammentreffen, befand sich unter zwei sehr unterschiedlichen Gesichtspunkten dieses zentrale Problem der Macht, das ich noch ziemlich schlecht herausgeschält hatte.

FRAGE: Man muß also den Begriff der Diskontinuität wieder an seinen richtigen Platz stellen. Es gibt dann vielleicht einen Begriff, der stringenter ist, der in Ihrem Denken eine zentralere Stellung einnimmt, nämlich den Begriff des Ereignisses. Nun war im Zusammenhang mit dem Ereignis eine ganze Generation lange Zeit in der Sackgasse, denn infolge der Arbeiten der Ethnologen, auch der großen Ethnologen, setzte sich jene Dichotomie fest zwischen den Strukturen einerseits (dem, was denkbar ist) und dem Ereignis andererseits als dem Ort des Irrationalen, des Nicht-Denkbaren, dessen, was dem Mechanismus und dem Spiel der Analyse nicht unterliegt und auch nicht unterliegen kann, zumindest nicht in der Form, die sie im Innern des Strukturalismus angenommen haben. Erst kürzlich haben sich drei hervorragende Ethnologen in einer in der Zeitschrift "L'Homme" veröffentlichten Diskussion diese Frage erneut gestellt und im Zusammenhang mit dem Ereignis gesagt: das Ereignis ist das, was sich uns entzieht, ist der Ort der "absoluten Kontingenz". Wir sind Denker, die Strukturen analysieren. Die Geschichte geht uns nichts an, wir wissen nicht, was wir mit ihr anfangen sollen usw. Daher ist dieser Gegensatz Ort und Produkt einer bestimmten Anthropologie gewesen. Diese hat verheerende Auswirkungen gehabt, auch, wie ich glaube, unter den Historikern, die schließlich an den Punkt gelangt sind, das Ereignis, den "Ereignischarakter der Geschichte" abzuwerten als die untergeordnete Geschichte der kleinen, winzigen Tatsachen, der Zufälle usw. Tatsache ist, daß in der Geschichte Knoten entstehen, bei denen es sich weder um kleine Tatsachen noch um jene wohlgeordnete, zweckdienliche, für die Analyse transparente Struktur handelt. Die große Gefangenschaft zum Beispiel, die Sie in "Wahnsinn und Gesellschaft" beschreiben, ist vielleicht einer dieser Knoten, der sich dem Gegensatz Ereignis - Struktur entzieht. Könnten Sie vielleicht beim gegenwärtigen Stand der Dinge diese Wiederaufnahme, diese Neuformulierung des Begriffs des Ereignisses näher erläutern?

FOUCAULT: Wenn man davon ausgeht, daß der Strukturalismus das systematischste Bemühen darstellte, den Begriff des Ereignisses nicht nur aus der Ethnologie, sondern aus einer ganzen Reihe anderer Wissenschaften und letztendlich aus der Geschichte selbst zu entfernen, dann kann ich mir niemanden vorstellen, der mehr Antistrukturalist wäre als ich. Wichtig ist jedoch, mit dem Ereignis nicht genauso zu verfahren, wie man es mit der Struktur getan hat. Es geht nicht darum, alles auf eine bestimmte Ebene, nämlich die des Ereignisses zu verlagern, sondern zu bedenken, daß es eine Anordnung verschiede ner Arten von Ereignissen auf verschiedenen Ebenen gibt, die weder die gleiche Bedeutung noch die gleiche zeitliche Ausdehung noch die gleiche Fähigkeit besitzen, Wirkungen zu erzeugen.
Das Problem liegt darin, gleichzeitig die Ereignisse zu unterscheiden, ihre Beziehungssysteme und dazugehörigen Ebenen zu differenzieren und die Fäden zu rekonstruieren, die sie miteinander verbinden und bewirken, daß die einen aus den anderen entstehen.
Daher die Ablehnung von Analysen, die sich auf das Feld der Symbolik oder auf die Herrschaft signifikanter Strukturen beziehen und der Rückgriff auf Analysen, die von der Genealogie, von den Kräfteverhält-

nissen, strategischen Entwicklungen und Taktiken ausgehen. Auf was man sich meiner Meinung nach beziehen muß, ist nicht das große Modell der Sprache und der Zeichen, sondern das des Krieges und der Schlacht. Die Geschichtlichkeit, die uns mitreißt und uns determiniert, ist eine kriegerische; sie gehört nicht zur Ordnung der Sprache . Machtverhältnis, nicht Sinnverhältnis. Die Geschichte hat keinen "Sinn", was nicht heißen soll, daß sie absurd oder inkohärent ist. Im Gegenteil, sie ist intelligibel und muß bis in ihr allerkleinstes Detail hinein analysierbar sein: jedoch entsprechend der Intelligibilität der Kämpfe, der Strategien und der Taktiken. Weder die Dialektik (als Logik des Widerspruches) noch die Semiotik (als Kommunikationsstruktur) könnten klären, was die wirkliche Intelligibilität der Konfrontationen ist. Die "Dialektik" ist ein Modus, die stets ungewisse und offene Realität dieser Konfrontationen zu umgehen, indem sie sie auf das hegelianische Modell verlagert; die "Semiologie" ist ein Modus, ihren gewaltsamen, blutigen, tödlichen Charakter zu umgehen, indem sie sie in die befriedete, platonische Form der Sprache und des Dialogs preßt.

FRAGE: Ich glaube, daß man im Zusammenhang mit diesem Problem der Diskursivität ohne weiteres sagen kann, daß Sie der erste waren, der dem Diskurs die Machtfrage stellte, und zwar zu einem Zeitpunkt, an dem eine Form der Analyse überhandnahm, die vom Begriff des Textes ausging, mit der dazugehörigen Methodik, d.h. der Semiologie, dem Strukturalismus usw. Dem Diskurs die Machtfrage stellen, heißt also im Grunde genommen: wem nützt du? Es geht nicht so sehr darum, die Diskurse in ihr Nicht-Gesagtes, ihr Implizites zu zerlegen, denn - Sie haben es oft wiederholt - sie sind transparent, sie bedürfen keiner Interpretation, sie brauchen niemanden, der ihnen einen Sinn gibt. Wenn man die "Texte" auf eine bestimmte Art und Weise liest, dann merkt man, daß sie klar zu uns sprechen und daß sie keines zusätzlichen Sinnes, keiner zusätzlichen Interpretation bedürfen. Diese Machtfrage an die Diskurse hat natürlich bestimmte Auswirkungen und bestimmte Implikationen in Bezug auf die Methodologie und die gegenwärtige Geschichtsforschung gehabt. Könnten Sie kurz diese Frage anreißen, die Sie gestellt haben - wenn es zutrifft, daß Sie sie gestellt haben?

FOUCAULT: Ich glaube nicht, daß ich der erste war, der sie gestellt hat. Vielmehr bereitete mir ihre Formulierung Schwierigkeiten. Wenn ich jetzt daran zurückdenke, dann frage ich mich, von was ich jemals, zum Beispiel in "Wahnsinn und Gesellschaft" oder "Die Geburt der Klinik" gesprochen habe wenn nicht von der Macht? Trotzdem weiß ich genau, daß ich dieses Wort praktisch nicht verwendet habe und dieses Feld der Analyse nicht zu meiner Verfügung hatte. Ich kann sagen, daß dies sicherlich auf eine Unfähigkeit zurückzuführen war, die augenscheinlich mit der damaligen politischen Situation zusammenhing. Man vermag nicht zu sehen, auf welcher Seite - rechts oder links - das Problem der Macht hätte gestellt werden können. Rechts wurde es nur unter dem Aspekt von Verfassung, Souveränität, Freiheit angegangen, also in juristischen Kategorien gefaßt. Und auf Seiten der Marxisten bezogen auf den Staatsapparat. Doch die Art und Weise, in der sie konkret und im einzelnen, mit der ihr eigenen Spezifität, ihren Techniken und Taktiken ausgeübt wird, wurde sie nicht erforscht; man beschränkte sich darauf, sie polemisch und global beim "Anderen", bei den Gegnern zu denunzieren: die Macht im sowjetischen Sozialismus wurde von den Gegnern als Totalitarismus bezeichnet, die Macht im westlichen Kapitalismus von den Marxisten als Klassenherrschaft denunziert. Aber der Mechanismus der Macht wurde niemals analysiert. Dies war erst nach 68 möglich, ausgehend von den täglichen Kämpfen an der Basis, die mit denen geführt wurden, die sich in den allerfeinsten Maschen des Machtnetzes verfangen hatten. Hier erschien die Macht in ihrer Konkretheit und mit dieser Konkretheit die mögliche Relevanz dieser Analysen für die Klärung dieser Fragen, die bis zu diesem Zeitpunkt außerhalb des Bereichs der politischen Analyse verblieben waren. Einfach ausgedrückt: psychiatrische Internierung, geistige Normalisierung der Individuen, Strafinstitutionen, sind wahrscheinlich von ziemlich begrenzter Bedeutung, wenn man nur ihr ökonomisches Gewicht in Betracht zieht. Dagegen sind sie für das allgemeine Funktionieren des Räderwerks der Macht zweifellos wesentlich. Solange man die Machtfrage nur stellte, indem man sie der ökonomischen Instanz und dem von ihr garantierten Interessensystem unterordnete, konnte man diesen Problemen nur geringe Bedeutung zumessen.

FRAGE: Ein bestimmter Marxismus und eine bestimmte Phänomenologie stellten also ein objektives Hindernis für die Fromulierung dieser Problematik dar?

FOUCAULT: Ja, wenn Sie so wollen, insofern es zutrifft, daß die Menschen meiner Generation als Studenten von zwei Formen der Analyse geprägt wurden: die eine verwies auf das konstituierende Subjekt, die andere in letzter Instanz auf das Ökonomische, auf die Ideologie und das Spiel der Strukturen und Suprastrukturen.

FRAGE: Wie würden Sie dann - immer noch in diesem

methodologischen Rahmen - den genealogischen Ansatz einordnen? Worin besteht seine Notwendigkeit als Fragestellung im Zusammenhang mit den Konstitutionsbedingungen und -modalitäten der "Gegenstände" und Bereiche, die Sie jeweils untersucht baben?

FOUCAULT: Ich möchte herausfinden, wie diese Probleme der Konstitution im Inneren eines geschichtlichen Zusammenhangs zu lösen sind, anstatt sie auf einen konstituierenden Gegenstand zurückzuführen, doch dafür dürfte dieser geschichtliche Zusammenhang nicht die simple Relativierung des phänomenologischen Subjekts sein. Ich glaube nicht, daß das Problem zu lösen ist, indem man das Subjekt, auf das sich die Phänomenologen beziehen, geschichtlich macht und sich infolgedessen ein Bewußtsein zuerkennt, das sich im geschichtlichen Verlauf verändert. Man muß sich vom konstituierenden Subjekt, vom Subjekt selbst befreien, d.h. zu einer Geschichtsanalyse gelangen, die die Konstitution des Subjekts im geschichtlichen Zusammenhang zu klären vermag. Und genau das würde ich Genealogie nennen, d.h. eine Form der Geschichte, die von der Konstitution von Wissen, von Diskursen, von Gegenstandsfeldern usw. berichtet, ohne sich auf ein Subjekt beziehen zu müssen, das das Feld der Ereignisse transzendiert und es mit seiner leeren Identität die ganze Geschichte hindurch besetzt.

FRAGE: Die marxistische Phänomenologie, ein bestimmter Marxismus, haben sicherlich abschirmend und hinderlich gewirkt; nun gibt es zwei Begriffe, die auch heute noch abschirmend und hinderlich wirken, nämlich den Begriff der Ideologie auf der einen und den der Unterdrückung auf der anderen Seite. Alles in allem wird Geschichte in diesen Kategorien gedacht, wird Erscheinungen wie Normalisierung, Sexualität,

Macht auf diese Weise einen Sinn gegeben. Ob man diese Begriffe nun verwendet oder nicht, letzten Endes kehrt man immer einerseits zur Ideologie zurück, einem Begriff, den man leicht auf Marx zurückführen kann, und andererseits zum Begriff der Unterdrückung, den Freud oft und gern im Verlauf seines ganzen Werkes verwendet hat. Ich möchte mir daher erlauben, folgendes vorzuschlagen: hinter diesen beiden Begriffen und bei denen, die sie zu Unrecht und verkehrt benutzen, ist eine Art Sehnsucht vorhanden; hinter dem Begriff der Ideologie steht die Sehnsucht nach einem quasi sich selbst transparenten Wissen, das ohne Trugbilder, ohne Irrtum funktioniert; hinter dem Begriff der Unterdrückung steht andererseits die Sehnsucht nach einer Macht, die ohne Zwang, ohne Disziplinierung, ohne Normalisierung funktioniert; zum einen eine Art Macht ohne Knüppel, zum anderen ein Wissen ohne Täuschungen. Diese beiden Begriffe, Ideologie und Unterdrückung, haben Sie als negativ definiert, als "psychologisch", als nicht analytisch genug. Sie haben dies vor allem in Ihrem letzten Buch "Überwachen und Strafen" getan, in dem, wenn nicht eine umfassende theoretische Diskussion dieser beiden Begriffe, so doch eine Art der Analyse enthalten ist, die es möglich macht, über die traditionellen Formen der Intelligibilität hinauszugehen, die in letzter - und nicht nur in letzter - Instanz auf die Begriffe Ideologie und Unterdrückung gegründet sind. Könnten Sie vielleicht jetzt bei dieser Gelegenheit Ihre Gedanken in diesem Zusammenhang präzisieren? Ohne Ideologie und ohne Unterdrückung zeichnet sich vielleicht zum ersten Mal in "Überwachen und Strafen" eine Art positive Geschichte ab, die endlich von der ganzen Negativität und von dem ganzen Psychologismus befreit ist, die diese Allerweltsinstrumente implizieren.

FOUCAULT: Der Begriff der Ideologie scheint mir aus dreierlei Gründen schwierig zu verwenden zu sein. Als erstes steht er immer, ob man will oder nicht, in einem potentiellen Gegensatz zu etwas, was Wahrheit wäre. Nun glaube ich aber, daß das Problem nicht darin besteht, Unterscheidungen herzustellen zwischen dem, was in einem Diskurs von der Wissenschaftlichkeit und von der Wahrheit, und dem, was von etwas anderem abhängt, sondern darin, historisch zu sehen, wie Wahrheitswirkungen im Innern von Diskursen entstehen, die in sich weder wahr noch falsch sind. Der zweite Nachteil ist darin zu sehen, daß sich die Ideologie meiner Meinung nach zwangsläufig auf so etwas wie ein Subjekt bezieht. Und drittens befindet sich die Ideologie in untergeordneter Position in Bezug auf etwas, das ihr gegenüber als ökonomische, materielle usw. Struktur oder Determinante wirksam ist. Aus diesen drei Gründen glaube ich, daß es sich um einen Begriff handelt, der nur mit Vorsicht zu verwenden ist.
Der Begriff der Unterdrückung seinerseits ist unzuverlässiger oder jedenfalls hatte ich sehr viel größere Schwierigkeiten, mich von ihm freizumachen, insofern er tatsächlich so gut zu einer ganzen Reihe von Erscheinungen zu passen scheint, die von den Machtwirkungen abhängen. Als ich "Wahnsinn und Gesellschaft" schrieb, habe ich mich zumindest implizit dieses Begriffs bedient: ich glaube, ich vermutete damals eine Art lebhaften, wechselhaften und ungeduldigen Wahnsinn, den der Mechanismus der Macht und der Psychiatrie zu unterdrücken und zum Schweigen zu verurteilen vermocht hätte. Heute erscheint er mir als völlig inadäquat, um zur Klärung dessen zu dienen, was genau an der Macht produktiv ist. Wenn man die Machtwirkungen mit Hilfe des Begriffs der Unterdrükkung definiert, so folgt daraus eine rein juristische Kon-

zeption eben dieser Macht; sie wird mit einem Gesetz identifiziert, das nein sagt, sie wäre vor allem eine Instanz, die Verbote ausspricht. Ich glaube, daß dies in Wirklichkeit eine völlig negative, beschränkte, zu kurz gefaßte Auffassung der Macht ist, die seltsamer Weise ein wenig von allen Seiten geteilt wurde. Wenn sie nur repressive wäre, wenn sie niemals etwas anderes tun würde als nein sagen, ja glauben Sie dann wirklich, daß man ihr gehorchen würde? Der Grund dafür, daß die Macht herrscht, daß man sie akzeptiert, liegt ganz einfach darin, daß sie nicht nur als neinsagende Gewalt auf uns lastet, sondern in Wirklichkeit die Körper durchdringt, Dinge produziert, Lust verursacht, Wissen hervorbringt, Diskurse produziert; man muß sie als ein produktives Netz auffassen, das den ganzen sozialen Körper überzieht und nicht so sehr als negative Instanz, deren Funktion in der Unterdrückung besteht. Was ich in "Überwachen und Strafen" zeigen wollte, ist, wie es seit dem 17./18. Jahrhundert tatsächlich zu einer neuen Technologie der Macht gekommen ist. Nicht nur, daß die Monarchien im klassischen Zeitalter große Staatsapparate - Heer, Polizei, Fiskus - entwickelten, es entstand vor allem zu dieser Zeit etwas, was man als "neue Ökonomie der Macht" bezeichnen könnte, d.h. Verfahren, die es ermöglichten, die Machtwirkungen ständig, in ununterbrochenem Fluß, angepaßt, sozusagen "individualisiert" im gesamten sozialen Körper zirkulieren zu lassen. Diese neuen Methoden sind zugleich sehr viel wirksamer und sehr viel weniger kostspielig (ökonomisch gesehen mit geringeren Kosten verbunden, weniger ungewiß in ihrem Ergebnis, mit geringeren Möglichkeiten, zu entkommen und Widerstand zu leisten) als die bis dahin angewandten Methoden, die sich auf eine Kombination mehr oder weniger erzwungener Toleranz (vom anerkannten Privileg bis zur Dauerkriminalität) und aufwendiger Schaustellung (laut starke, diskontinuierliche Eingriffe der Macht, deren gewaltsamste Form die "exemplarische", da einmalige Bestrafung war) gründeten.

FRAGE: Unterdrückung ist ein Begriff, der vor allem im Zusammenhang mit der Sexualität verwendet wurde. Es hieß, daß die bürgerliche Gesellschaft die Sexualität unterdrückt, daß sie das Begehren erstickt usw. Und wenn man sich beispielsweise die im 18. Jahrhundert einsetzende Kampagne gegen die Onanie betrachtet oder den medizinischen Diskurs über die Homosexualität in der zweiten Hälfte des 19. Jahrhunderts oder den Diskurs über die Sexualität überhaupt, so ist er dem Anschein nach ein Diskurs der Unterdrückung. In Wirklichkeit ermöglicht er jedoch eine ganze Reihe von Handlungen, die im wesentlichen positive und taktische Verfahren zur Überwachung, Zirkulation, Kontrolle usw. sind und eng mit dieser Technik verbunden zu sein scheinen, die sich scheinbar als Technik der Unterdrückung darstellt oder als solche entschlüsselt werden kann. Ich glaube, daß der Kreuzzug gegen die Onanie ein typisches Beispiel ist.

FOUCAULT: Gewiß. Man sagt gewöhnlich, daß die bürgerliche Gesellschaft die kindliche Sexualität in einem Maß unterdrückt hat, daß sie sich geradezu weigerte, von ihr überhaupt zu sprechen und sie dort zu sehen, wo sie war. Man mußte erste Freud abwarten, um schließlich zu entdecken, daß die Kinder eine Sexualität haben. Nun können Sie sämtliche Bücher über Pädadogik und Kindermedizin, sämtliche Ratgeber für Eltern lesen, die im 18. Jahrhundert veröffentlicht wurden, es wird ständig und in allen möglichen Zusammenhängen vom Sex der Kinder gesprochen. Man kann sagen, daß diese Diskurse genau dazu dienen sollten, zu verhindern, daß sie eine Sexualität haben. Doch die Wirkungsweise dieser Diskurse bestand darin, daß sie den Eltern in den Kopf setzten, im Zusammenhang mit ihrer erzieherischen Aufgabe gäbe es ein grundlegendes Problem: der Sex ihrer Kinder; und daß sie den Kindern in den Kopf setzten, daß es ein fundamentales Problem für sie gäbe, nämlich das Verhältnis zum eigenen Körper und zum eigenen Sex, was zur Folge hatte, daß der Körper der Kinder sich erregte, während sich Blick und Aufmerksamkeit der Eltern auf die kindliche Sexualität fixierten. Folge war eine Sexualisierung des kindlichen Körpers, eine Sexualisierung des körperlichen Verhältnisses zwischen Eltern und Kindern, eine Sexualisierung des familiären Bereichs. Die "Sexualität" ist vielmehr ein positives Produkt der Macht als daß die Macht Unterdrückung der Sexualität gewesen ist. Ich glaube, daß genau diese positiven Mechanismen untersucht werden müssen, wobei man sich von dem juristischen Schematismus freimachen muß, mit dem man bis heute versucht hat, der Macht einen Status zuzuweisen. Daraus ergibt sich ein historisches Problem: es gilt herauszufinden, warum das Abendland die von ihm ausgeübte Macht so lange Zeit nur juridisch-negativ sehen wollte, anstatt sie technisch-positiv zu begreifen.

FRAGE: Vielleicht weil man immer gemeint hat, daß die Macht durch die großen juristischen und philosophischen Theorien vermittelt wäre und daß es eine fundamentale und unveränderliche Trennung gäbe zwischen denen, die sie ausüben und denen, die sie erleiden.

FOUCAULT: Ich frage mich, ob dies nicht mit der Institution der Monarchie verbunden ist. Diese entwickelte sich im Mittelalter vor dem Hintergrund der andauernden Kämpfe zwischen den vorher bestehenden Feudalmächten. Sie stellte sich als Schiedsrichter dar, als eine Macht, die fähig war, den Krieg zu beenden, den Gewalttätigkeiten, dem Eintreiben von Abgaben ein Ende zu setzen, "nein" zu den Kämpfen und Privatstreitigkeiten zu sagen. Sie machte sich akzeptierbar, indem sie sich eine juristische und negative Funktion gab, deren Grenzen sie natürlich sofort überschritt. Souverän, Gesetz, Verbot bildeten ein System von Machtrepräsentanzen, das in der Folgezeit von den Theorien des Rechts weiter vermittelt wurde: die politische Theorie hat nie aufgehört, von der Person des Souveräns besessen zu sein. Diese Theorien befassen sich noch alle mit dem Problem der Souveränität. Was wir jedoch brauchen, ist eine politische Philosophie, die nicht um das Problem der Souveränität, also des Gesetzes, des Verbots herum konstruiert ist. Man muß dem König den Kopf abschlagen: das hat man in der politischen Theorie noch nicht getan.

FRAGE: Er ist dem König nicht abgeschlagen worden, und andererseits versucht man, an seine Stelle die Disziplinierung zu setzen, dieses umfassende System der Überwachung, Kontrolle, Normalisierung und, später dann, der Bestrafung, Besserung, Erziehung usw., das im 17./18. Jahrhundert entsteht. Man fragt sich, woher dieses System kommt. Warum es in Erscheinung tritt, welchen Nutzen es hat. Und heute hat man ein wenig die Tendenz, ihm ein Subjekt zu geben, ein großes, gewichtiges, totalitäres Subjekt, den modernen Staat, der sich im 16./17. Jahrhundert konstituierte und ein Berufsheer sowie - der klassischen Theorie zufolge - eine Polizei und eine Beamtenschaft mit sich brachte.

FOUCAULT: Das Problem auf den Staat bezogen stellen, heißt nach wie vor es im Sinne von Souverän und Souveränität stellen, also in Kategorien des Gesetzes. Beschreibt man all diese Erscheinungen der Macht in ihrer Abhängigkeit vom Staatsapparat, so heißt dies, sie im wesentlichen in ihrer repressiven Funktion begreifen: das Heer als Macht des Todes, Polizei und Justiz als Strafinstanzen usw. Ich will nicht sagen, daß der Staat nicht wichtig ist; was ich sagen will, ist, daß die Machtverhältnisse und infolgedessen die Analyse, der man sie unterziehen muß, über den Staat hinausgehen müssen. Dies in zweierlei Hinsicht: vor allem weil der Staat, selbst mit seiner Omnipotenz, selbst mit all seinen Apparaten, weit davon entfernt ist, den ganzen tatsächlichen Bereich der Machtverhältnisse zu besetzen, und dann weil der Staat nur auf der Grundlage vorher bestehender Machtbeziehungen funktionieren kann. Der Staat ist Überbau in Bezug auf eine ganze Serie von Machtnetzen, die die Körper, die Sexualität, die Familie, die Verhaltensweisen, das Wissen, die Techniken usw. durchdringen, und diese Beziehungen werden ihrerseits von einer Art Über-Macht konditioniert und wirken konditionierend auf sie, die im wesentlichen um eine gewisse Anzahl großer Verbotsfunktionen herum strukturiert ist; aber diese Über-Macht mit ihren Verbotsfunktionen kann nur insofern wirklich greifen und sich halten, als sie in einer ganzen Reihe vielfältiger, nicht definierter Machtverhältnisse verwurzelt ist, die die notwendige Grundlage dieser großen Formen negativer Macht bilden, und genau das wollte ich deutlich machen

FRAGE: Eröffnet sich nicht ausgehend von diesem Diskurs die Möglichkeit, diesen Dualismus auch auf der Ebene der politischen Kämpfe zu überwinden, die seit ewigen Zeiten vom Gegensatz zwischen Staat einerseits und Revolution andererseits leben? Zeichnet sich da nicht ein Feld von Auseinandersetzungen ab, das weiter ist als das, in dem der Gegner der Staat ist?

FOUCAULT: Ich würde sagen, daß der Staat eine Kodifizierung vielfältiger Machtbeziehungen ist, die sein Funktionieren ermöglichen und daß die Revolution ein anderer Typ der Kodifizierung dieser Beziehungen ist. Dies impliziert, daß es viele verschiedene Arten von Revolution gibt, ungefähr so viele nämlich, wie es mögliche subversive Kodifizierungen der Machtbeziehungen gibt und daß im übrigen ohne weiteres Revolutionen vorstellbar sind, die die Machtbeziehungen, auf deren Grundlage der Staat funktionieren konnte, im wesentlichen unangetastet lassen.

FRAGE: Was die Macht als Forschungsgegenstand betrifft, so haben Sie gesagt, daß man die Formel von Clausewitz umkehren und zu der Vorstellung gelangen müßte, daß die Politik die Fortsetzung des Krieges mit anderen Mitteln ist. Auf der Grundlage Ihrer letzten Untersuchungen scheint das militärische Modell das zu sein, was am besten die Macht beschreibt; ist der Krieg somit ein einfaches metaphorisches Modell oder das reguläre, tägliche Funktionieren der Macht?

FOUCAULT: In jedem Fall ist dies ein Problem, mit dem ich mich heute konfrontiert sehe. Sobald man versucht, die Macht mit ihren Techniken und Verfahren von der juristischen Form zu trennen, in die sie die Theorien bis jetzt hineingepreßt haben, muß man im Grunde diese Frage stellen: ist die Macht nicht einfach eine Form kriegerischer Herrschaft? Muß man dann infolgedessen nicht alle Probleme der Macht im Sinne von Kräfteverhältnissen begreifen? Eine Art verallgemeinerter Krieg, der nur zu bestimmten Zeiten die Form des Friedens und des Staates annähme? Der Frieden wäre dann eine Form des Krieges und der Staat eine Art ihn zu führen.
Hier treten eine ganze Reihe von Problemen auf: Krieg

von wem gegen wen? Kampf von zwei oder mehr Klassen? Kampf aller gegen alle? Rolle der Armee und Militärinstitutionen in dieser zivilen Gesellschaft, in der ein ständiger Krieg geführt wird; Relevanz der Begriffe Taktik und Strategie für die Analyse der Strukturen und des politischen Prozesses; Wesen und Transformation der Kräfteverhältnisse. All diese Fragen müßten untersucht werden. In jedem Fall ist es überraschend zu sehen, mit welcher Leichtigkeit, gleichsam mit welcher Eindeutigkeit man von Kräfteverhältnissen oder Klassenkampf spricht, ohne je klar zu definieren, ob es sich dabei um eine Form des Krieges handelt und um welche Form es sich dann handeln könnte.

FRAGE: Wir haben bereits von dieser Disziplinarmacht gesprochen, deren Wirkungsweise, Regeln und Konstitutionsmodus Sie in ihrem letzten Buch beschreiben; man könnte sich also fragen: warum überwachen? Welchen Nutzen hat das Überwachen? Es gibt ein Phänomen, das im 18. Jahrhundert in Erscheinung tritt, nämlich die Entdeckung der Bevölkerung als Gegenstand wissenschaftlicher Forschung; man beginnt, die Geburten, Sterbefälle und Bevölkerungsverschiebungen zu untersuchen und man sagt ebenfalls zum ersten Mal, daß ein Staat nicht regieren kann, wenn ihm die Bevölkerung unbekannt ist. Moheau zum Beispiel, der als einer der ersten diese Art Forschungen vom administrativen Standpunkt aus organisierte, scheint deren Zweck in den Problemen der politischen Kontrolle der Bevölkerung zu sehen. Funktioniert diese Disziplinarmacht somit von allein? Lehnt sie sich nicht an etwas allgemeineres an, an etwas wie diese feste Vorstellung einer Bevölkerung, die sich ordentlich reproduziert, von Leuten, die ordentlich heiraten, sich ordentlich und nach genau festgesetzten Normen verhalten? Es gäbe somit einen molaren Körper, einen großen Körper, den Körper der Bevölkerung, und eine ganze Serie von Diskursen, die über sie gehalten werden, und darunter andererseits die kleinen Körper, die gelehrigen, einzelnen Körper, die Mikrokörper der Disziplinierung. Wie sehen - auch wenn Sie jetzt vielleicht erst am Anfang der Forschungen stehen - die Arten der Beziehungen aus, die sich zwischen diesen beiden Körpern - wenn überhaupt - herstellen: zwischen jenem molaren Körper der Bevölkerung und den Mikrokörpern der Individuen?

FOUCAULT: Die Frage trifft ins Schwarze. Ich habe Schwierigkeiten, sie zu beantworten, weil ich mich zur Zeit gerade mit diesem Problem beschäftige. Ich glaube, daß man sich vor Augen führen muß, daß unter all den grundlegenden technischen Erfindungen des 17. und 18. Jahrhunderts eine neue Technologie der Machtausübung in Erscheinung getreten ist, die wahrscheinlich bedeutender ist als die Verfassungsreformen oder die neuen Regierungsformen, die am Ende des 18. Jahrhunderts eingeführt wurden. Im Lager der Linken hört man oft: "Macht ist, was abstrahiert, was den Körper negiert, was verdrängt und unterdrückt." Ich würde eher sagen, daß das, was mir am meisten bei diesen neuen Technologien der Macht auffällt, die seit dem 17./18. Jahrhundert eingeführt wurden, ihr zugleich konkreter und präziser Charakter ist, ihre Gewalt über eine vielfältige, differenzierte Realität. In den Feudalgesellschaften funktionierte die Macht im Großen und Ganzen durch Zeichen und Abgaben. Zeichen der Treue gegenüber dem Feudalherren, Rituale, Zeremonien usw. und Abgaben in Form von Steuern, Plünderungen, Jagd, Krieg usw. Mit dem 17./18. Jahrhundert entstand eine Macht, die über die Produktion und die Dienstleistung ausgeübt wurde. Es galt, von den Individuen in ihrem konkreten Leben produktive Leistungen zu erhalten. Und aus diesem Grund war eine wirkliche und tatsächliche

"Verkörperung" der Macht notwendig, in dem Sinne, daß diese bis zum Körper der Individuen, bis zu ihren Gesten, bis zu ihren Einstellungen, bis zu ihren tagtäglichen Verhaltensweisen kommen mußte; daher die Bedeutung von Methoden wie der schulischen Disziplinierung, der es gelungen ist, dem Körper der Kinder zum Gegenstand höchst komplexer Manipulation und Konditionierung zu machen. Andererseits jedoch mußten diese neuen Techniken der Macht die Bevölkerungsphänomene mit einbeziehen, kurz, die Akkumulation der Menschen handhaben, kontrollieren, lenken (ein ökonomisches System, das die Akkumulation des Kapitals förderte und ein Machtsystem, das die Akkumulation der Menschen befahl, waren seit dem 17. Jahrhundert zwei korrelative, untrennbar miteinander verbundene Phänomene): daher Probleme wie Demographie, öffentliche Gesundheit, Hygiene, Wohnungssituation, Langlebigkeit und Fruchtbarkeit. Und ich glaube, daß die politische Bedeutung des Problems des Sexes auf die Tatsache zurückzuführen ist, daß sich der Sex an der Nahtstelle zwischen der Disziplinierung der Körper und der Kontrolle der Bevölkerung befindet.

FRAGE: Zum Abschluß eine Frage, die Ihnen bereits gestellt worden ist: wie können Ihre Forschungen, Ihre Problemstellungen, die Ergebnisse, zu denen Sie gekommen sind. letzten Endes in den tagtäglichen Kämpfen verwendet werden? Sie haben bereits vom punktuellen Kampf als dem spezifischen Ort der Konfrontation mit der Macht gesprochen, jenseits aller Instanzen wie Parteien, Klassen in ihrer Gesamtheit und Allgemeinheit. Welche Rolle haben infolgedessen heute die Intellektuellen? Wenn man kein organischer Intellektueller ist (d.h. jemand, der spricht, der Wortführer einer globalen Organisation ist), wenn man nicht Träger(maitre) der Wahrheit ist, welche Position nimmt man dann ein?

FOUCAULT:* Tatsächlich ging man lange Zeit davon aus, daß, wenn ein sogenannter "Linksintellektueller" das Wort ergreift, ihm dabei das Recht zuerkannt wird, als Träger der Wahrheit und Gerechtigkeit zu sprechen. Man hörte auf ihn als Repräsentanten der Allgemeinheit oder er erhob den Anspruch, als solcher gehört zu werden. Als Intellektueller war man ein wenig das Bewußtsein aller. Ich glaube, daß man hier eine Vorstellung wiederfindet, die vom Marxismus übernommen wurde, und noch dazu von einem verwässerten Marxismus: so wie das Proletariat aufgrund seiner geschichtlichen Position zwangsläufig Träger des Allgemeinen ist (allerdings unmittelbarer, sich selbst kaum bewußter Träger), will der Intellektuelle aufgrund einer moralischen, theoretischen oder politischen Entscheidung Träger dieser Allgemeinheit sein, aber in ihrer bewußten, artikulierten Form. Der Intellektuelle wäre somit die klare, individuelle Gestalt einer Allgemeinheit, deren dunkle, kollektive Form das Proletariat ist.
Seit vielen Jahren verlangt man nun schon nicht mehr, daß ein Intellektueller diese Rolle spielt. Inzwischen ist eine neue Form der "Verbindung von Theorie und Praxis" entstanden. Die Intellektuellen sind dazu übergegangen, ihre Arbeit nicht mehr im "Allgemeinen" und "Exemplarischen", in dem, was "für alle wahr und gerecht" ist, anzusiedeln, sondern in bestimmten Bereichen und an spezifischen Punkten, kurz dort, wo sie in ihren Arbeits- und Lebensbedingungen betroffen sind (am Wohnort, im Krankenhaus, im Irrenhaus, in den Forschungsstätten, an der Universität, in den Familienverhältnissen und in der Sexualität.) Dabei haben sie sich sicher ein sehr viel konkreteres und unmittelbareres Bewußtsein der Kämpfe erworben, sind sie auf Probleme gestoßen, die spezifisch, nicht "universell" waren und sich oft von denen des Proletariats und

---

*M. Foucault war so freundlich, diese Frage schriftlich zu beantworten

der Massen unterschieden. Und dennoch haben sie sich ihnen in Wirklichkeit angenähert und das, wie ich meine, aus zweierlei Gründen: zum einen, weil es sich um reale, materielle, tägliche Kämpfe handelte und zum anderen, weil sie oft, wenn auch in anderer Form, auf denselben Gegner stießen wie das Proletariat, die Bauern oder die Massen, nämlich die multinationalen Konzerne, den Justiz- und Polizeiapparat, die Bodenspekulation usw. Und diesen Typ würde ich im Gegensatz zum "universellen" Intellektuellen den "spezifischen" Intellektuellen nennen.

Diese neue Gestalt hat eine andere politische Bedeutung: sie machte es möglich, daß relativ verwandte, doch bisher getrennt gebliebene Kategorien wenn nicht miteinander verbunden, so doch zumindest neu bestimmt werden konnten. Bisher war der Intellektuelle par excellence der Schriftsteller gewesen: als universelles Bewußtsein, als freies Subjekt stand er denen gegenüber, die nichts als Kompetenzen im Dienste des Staates oder des Kapitals waren (Ingenieure, Richter, Professoren usw.). Sobald die Politisierung aber ausgehend von der spezifischen Tätigkeit jedes Einzelnen erfolgt, verschwindet die Schwelle der Schrift als sakralisierendes Kennzeichen des Intellektuellen. Dann können sich Querverbindungen von Wissen zu Wissen, von einem Ort der Politisierung zum anderen herstellen: auf diese Weise können die Richter und die Psychiater, die Ärzte und die Sozialarbeiter, die Forscher und die Soziologen, jeder an seinem Ort, durch Erfahrungsaustausch und gegenseitige Hilfe an einer globalen Politisierung der Intellektuellen mitwirken. Dieser Prozeß erklärt, warum - insofern der Schriftsteller als Gallionsfigur tendenziell verschwindet - der Professor und die Universität vielleicht nicht als Hauptelemente, aber doch als "Austauscher", als bevorzugte Kreuzungspunkte hervortreten. Das ist zweifellos der Grund dafür, daß Uni-

versität und Schule zu politisch äußerst empfindlichen Bereichen geworden sind. Und was gewöhnlich als Krise der Universität bezeichnet wird, darf nicht als Machtverlust interpretiert werden, sondern im Gegenteil als Vervielfältigung und Verstärkung ihrer Machtwirkungen inmitten eines vielförmigen Ensembles von Intellektuellen, die praktisch alle durch sie hindurchgehen und sich auf sie beziehen. Die ganze übersteigerte Theoretisierung der Schrift, die wir in den sechziger Jahren erlebt haben, war wahrscheinlich nur der Schwanengesang: der Schriftsteller kämpfte für die Erhaltung seines politischen Privilegs; daß es sich gerade um eine "Theorie" handelte, die wissenschaftlicher Absicherungen auf der Grundlage der Linguistik, der Semiologie, der Psychoanalyse bedurfte, daß diese Theorie ihre Bezüge auf Seiten Saussures oder Chomskys suchte und daß sie schließlich zu so mittelmäßigen literarischen Werken Anlaß gab - all dies beweist, daß die Tätigkeit des Schriftstellers nicht mehr das aktive Zentrum war.
Mir scheint, daß der Typ des "spezifischen" Intellektuellen sich seit dem 2.Weltkrieg herausgebildet hat. Vielleicht war der Atomphysiker - mit einem Wort, oder besser mit einem Namen: Oppenheimer - das Scharnier zwischen universellem Intellektuellen und spezifischem Intellektuellen. Der Atomphysiker intervenierte, weil er in einem direkten und lokalisierten Verhältnis zur wissenschaftlichen Institution und zum wissenschaftlichen Wissen stand; da jedoch die atomare Bedrohung das Schicksal der Welt und der ganzen Menschheit betraf, konnte sein Diskurs gleichzeitig Diskurs des Allgemeinen sein. Unter dem Deckmantel eines Protestes, der alle betraf, ließ der Atomwissenschaftler seine spezifische Position in der Ordnung des Wissens wirksam werden. Es war das erste Mal, glaube ich, daß der Intellektuelle nicht wegen des allgemei-

nen Diskurses, den er hielt, von der politischen Macht verfolgt wurde, sondern wegen des spezifischen Wissens, dessen Träger er war: genau auf dieser Ebene stellte er eine politische Gefahr dar: Ich spreche hier nur von den Intellektuellen der westlichen Welt. Was in der UdSSR geschehen ist, ist sicherlich in mancher Hinsicht ähnlich, in vielerlei Hinsicht jedoch unterschiedlich. Hier bliebe noch eine ganze Untersuchung des wissenschaftlichen Dissidententums nach 1945 in den westlichen und in den sozialistischen Ländern durchzuführen.

Es ist zu vermuten, daß der universelle Intellektuelle, so wie er im 19. Jahrhundert und zu Beginn des 20. wirkte, tatsächlich aus einer ganz bestimmten historischen Gestalt entstanden ist: aus dem Typ des Aufklärers, des Juristen, der der Macht, dem Despotismus, den Mißbräuchen, der Arroganz des Reichtums die Universalität der Gerechtigkeit und Gleichheit eines idealen Gesetzes entgegensetzte. In den großen politischen Auseinandersetzungen des 18. Jahrhunderts ging es um Gesetz, Recht und Verfassung, um das, was von Vernunft und von Natur aus gerecht ist, um das, was universell gelten kann und muß. Was man heute einen "Intellektuellen" nennt - ich meine den Intellektuellen im politischen Sinn und nicht als soziologische oder professionelle Kategorie, d.h. jemanden, der sein Wissen, seine Kompetenz, sein Verhältnis zur Wahrheit in den politischen Kämpfen einsetzt - ist, wie ich glaube, aus dem aufgeklärten Juristen entstanden, jedenfalls aus einer Gestalt, die sich auf die Universalität des gerechten Gesetzes berief und dabei gegebenenfalls gegen die professionellen Rechtsgelehrten Stellung bezog (in Frankreich ist Voltaire der Prototyp dieser Intellektuellen). Der "universelle" Intellektuelle hat seinen Ursprung im aufgeklärten Juristen und findet seine volle Entfaltung im Schriftsteller, dem Träger von Bedeutungen und Werten, in dem sich jeder wiedererkennen kann. Der "spezifische" Intellektuelle dagegen stammt von einer ganz anderen Gestalt ab, nicht mehr vom "aufgeklärten Juristen", sondern vom "Wissenschaftler/Experten". Ich sagte soeben, daß letzterer mit dem Atomwissenschaftler die Bühne betrat. In Wirklichkeit hatte er sich schon seit langer Zeit hinter den Kulissen vorbereitet und war - zumindest in einer Ecke der Bühne - fast seit Ende des 19. Jahrhunderts präsent. Wahrscheinlich begann er mit Darwin, oder vielmehr mit den Evolutionstheoretikern der nachdarwinschen Zeit, deutlich in Erscheinung zu treten. Die stürmischen Beziehungen zwischen Evolutionisten und Sozialisten, die sehr ambivalenten Auswirkungen der Evolutionstheorie (beispielsweise auf die Soziologie, Kriminologie, Psychiatrie, Eugenik) markieren den Zeitpunkt, an dem sich der Eingriff des Wissenschaftlers in die politischen Kämpfe seiner Zeit im Namen einer "lokalen" wissenschaftlichen Wahrheit vollzieht, so bedeutend diese auch sein mag. Historisch gesehen stellt Darwin diesen Wendepunkt in der Geschichte der westlichen Intellektuellen dar (in dieser Hinsicht ist die Person Zolas sehr bezeichnend: er ist der Typ des "universellen" Intellektuellen, Träger des Gesetzes und Kämpfer für die Gleichheit, der jedoch seinen Diskurs mit einer Reihe von nosologischen und evolutionistischen Bezügen überlädt, die er für wissenschaftlich hält und im übrigen sehr schlecht beherrscht und deren politische Auswirkungen auf seinen Diskurs höchst ambivalent sind). Wollte man diese Frage näher untersuchen, so müßte man herauszufinden suchen, wie die Physiker zur Jahrhundertwende in die politische Diskussion eingetreten sind. Die Diskussionen zwischen den Theoretikern des Sozialismus und den Theoretikern der Relativität waren in dieser Geschichte von entscheidender Bedeutung.

In jedem Fall waren Biologie und Physik die bevorzugten Bereiche, in denen sich diese neue Gestalt des spezifischen Intellektuellen herausbildete. Durch die Ausweitung der wissenschaftlich-technischen Strukturen in der Ordnung der Ökonomie und der Strategie hat er seine wirkliche Bedeutung erlangt. Die Gestalt, in der sich die Funktionen und das Prestige dieses neuen Intellektuellen konzentrieren, ist nicht mehr der "geniale Schriftsteller", sondern der "absolute Wissenschaftler"; nicht mehr derjenige, der allein die Werte aller trägt, sich dem Souverän oder der Ungerechtigkeit der Regierenden widersetzt und seinen Schrei bis in die Unendlichkeit hinein erklingen läßt, sondern derjenige, der - gemeinsam mit einigen anderen - im Dienste des Staates oder gegen diesen über Machtbefugnisse verfügt, die das Leben erleichtern oder definitiv auslöschen können. Nicht mehr Sänger der Ewigkeit, sondern Stratege des Lebens und des Todes. Heute erleben wir das Abtreten des "großen Schriftstellers".

Doch kehren wir zu handgreiflicheren Dingen zurück. Gehen wir davon aus, daß der spezifische Intellektuelle aufgrund der Entwicklung der wissenschaftlich-technischen Strukturen in der heutigen Gesellschaft seit einigen Jahrzehnten eine zunehmend wichtige Rolle spielt und daß sich diese Entwicklung nach 1960 weiter beschleunigt hat. Der spezifische Intellektuelle stößt auf Hindernisse und setzt sich Gefahren aus. Der Gefahr, sich auf vorübergehende Kämpfe zu beschränken und sich auf begrenzte Forderungen einzulassen, die Gefahr, sich von den politischen Parteien oder den Gewerkschaftsapparaten, die diese lokalen Kämpfe führen, manipulieren zu lassen, der Gefahr vor allem, diese Kämpfe mangels einer globalen Strategie und Unterstützung von außen nicht weiter entwikkeln zu können, der Gefahr schließlich, daß ihm niemand oder nur sehr kleine Gruppen folgen. In Frankreich gibt es gerade heute ein Beispiel dafür: die Kämpfe um das Gefängnis, um den Strafvollzug, den Justiz- und Polizeiapparat. Da sie sich isoliert, nur auf Sozialarbeiter und ehemalige Strafgefangene begrenzt, entwickelten, entfernten sie sich immer mehr von allem, was ihre Ausweitung hätte ermöglichen können. Man ließ sich von einer ganzen naiven, archaischen Ideologie durchdringen, die den Delinquenten gleichzeitig zum unschuldigen Opfer und zum reinen Rebellen hochstilisierte, zum großen gesellschaftlichen Opferlamm und zum jungen Wolf zukünftiger Revolutionen. Dieser Rückfall in die anarchistischen Themen des ausgehenden 19. Jahrhunderts war nur möglich, weil keine Integration in die gegenwärtigen Strategien stattfand. Und das Ergebnis ist eine tiefgehende Spaltung zwischen jener monotonen, schwärmerischen kleinen Weise, der nur in ganz kleinen Gruppen gelauscht wird, und einer Masse, die gute Gründe dafür hat, sie nicht für bare Münze zu nehmen und in ihrer sorgfältig geschürten Angst vor der Kriminalität die Aufrechterhaltung, ja sogar die Verstärkung des Justiz- und Polizeiapparates hinnimmt.

Mir scheint, daß wir an einen Punkt gekommen sind, wo die Funktion des spezifischen Intellektuellen neu artikuliert werden muß. Jedoch nicht aufgegeben, obwohl einige Sehnsucht nach den großen "universellen" Intellektuellen haben ("Wir brauchen eine Philosophie, wir brauchen eine Weltanschauung", so rufen sie); man braucht nur an die bedeutenden Ereignisse der Psychiatrie zu denken: sie beweisen, daß diese lokalen, spezifischen Kämpfe kein Irrtum gewesen sind, daß sie in keine Sackgassen geführt haben. Man kann sogar sagen, daß die Rolle des spezifischen Intellektuellen in dem Maße an Bedeutung gewinnen muß, in dem die politische Verantwortung wächst, die er als Atomwissenschaftler, Genetiker, Informatiker, Pharmakologe usw. wohl oder übel übernehmen muß. Es wäre gefährlich, ihn in seiner spezifischen Beziehung zu einem lokalen Wissen abzuwerten, unter dem Vorwand, es handle sich um eine Sache für Spezialisten, die die Massen nicht betreffe (was in doppelter Hinsicht falsch ist: die Mansen sind sich dessen bewußt und in jedem Fall davon betroffen), oder er diene den Interessen des Kapitals und des Staates (was zutrifft, zugleich jedoch auch seine strategische Position aufzeigt) oder aber er sitze der Ideologie des Szientismus auf (was nicht immer zutrifft und zweitrangig ist im Vergleich zu dem, worauf es wirklich ankommt: die spezifischen Wirkungen wahrer Diskurse).

Wichtig ist, so glaube ich, daß die Wahrheit weder außerhalb der Macht steht noch ohne Macht ist (trotz eines Mythos, dessen Geschichte und Funktionen man wiederaufnehmen müßte, ist die Wahrheit nicht die Belohnung für freie Geister, das Kind einer langen Einsamkeit, das Privileg jener, die sich befreien konnten). Die Wahrheit ist von dieser Welt; in dieser wird sie aufgrund vielfältiger Zwänge produziert, verfügt sie über geregelte Machtwirkungen. Jede Gesellschaft hat ihre eigene Ordnung der Wahrheit, ihr "allgemeine Politik" der Wahrheit: d.h. sie akzeptiert bestimmte Diskurse, die sie als wahre Diskurse funktionieren läßt; es gibt Mechanismen und Instanzen, die eine Unterscheidung von wahren und falschen Aussagen ermöglichen und den Modus festlegen, in dem die einen oder anderen sanktioniert werden; es gibt bevorzugte Techniken und Verfahren zur Wahrheitsfindung; es gibt einen Status für jene, die darüber zu befinden haben, was wahr ist und was nicht.

In Gesellschaften wie der unsrigen kann die "politische Ökonomie" der Wahrheit durch fünf historisch bedeutsame Merkmale charakterisiert werden:

- die Wahrheit ist um die Form des wissenschaftlichen Diskurses und die Institutionen, die ihn produzieren, zentriert;
- sie ist ständigen ökonomischen und politischen Anforderungen ausgesetzt (Wahrheitsbedürfnis sowohl der ökonomischen Produktion als auch der politischen Macht);
- sie unterliegt in den verschiedensten Formen enormer Verbreitung und Konsumtion (sie zirkuliert in Erziehungs- und Informationsapparaten, die sich trotz einiger strenger Einschränkungen relativ weit über den sozialen Körper ausdehnen);
- sie wird unter der zwar nicht ausschließlichen aber doch überwiegenden Kontrolle einiger weniger großer politischer oder ökonomischer Apparate (Universität, Armee, Presse, Massenmedien) produziert und verteilt;
- schließlich ist sie Einsatz zahlreicher politischer Auseinandersetzungen und gesellschaftlicher Konfrontationen ("ideologischer"Kämpfe).

Mir scheint, daß man im Intellektuellen jetzt daher nicht mehr den "Träger universeller Werte" sehen darf,sondern jemanden, der eine spezifische Position besetzt, die jedoch in ihrer Spezifität von den allgemeinen Funktionen des Wahrheitsdispositivs in einer Gesellschaft wie der unsrigen bestimmt wird. Mit anderen Worten, der Intellektuelle kann durch drei spezifische Merkmale charakterisiert werden: durch seine Klassenzugehörigkeit (Kleinbürger im Dienste des Kapitals, "organischer" Intellektueller des Proletariats); durch seine Lebens- und Arbeitsbedingungen, die von seiner Position als Intellektueller bestimmt werden (sein Forschungsbereich, sein Platz in einem Labor, die ökonomischen und politischen Anforderungen, denen er sich unterwirft oder gegen die er sich auflehnt, sei es an der Universität, im Krankenhaus oder anderswo); schließlich durch den besonderen

Charakter der Politik der Wahrheit in unseren Gesellschaften. Und hier kann seine Position eine allgemeine Bedeutung gewinnen, hier bringt der lokale oder spezifische Kampf, den er führt, Wirkungen oder Implikationen mit sich, die nicht allein berufsspezifischer Art sind oder auf bestimmte Bereiche begrenzt bleiben. Er wirkt oder kämpft auf der allgemeinen Ebene dieser Ordnung der Wahrheit, die für die Struktur und das Funktionieren unserer Gesellschaft fundamental ist. Es gibt einen Kampf "um die Wahrheit", oder zumindest "im Umkreis der Wahrheit", wobei nochmals gesagt werden soll, daß ich unter Wahrheit nicht "das Ensemble der wahren Dinge, die zu entdecken oder zu akzeptieren sind", verstehe, sondern "das Ensemble der Regeln, nach denen das Wahre vom Falschen geschieden und das Wahre mit spezifischen Machtwirkungen ausgestattet wird"; daß es nicht um einen Kampf "für die Wahrheit" geht, sondern um einen Kampf um den Status der Wahrheit und um ihre ökonomisch-politische Rolle. Man darf die politischen Probleme der Intellektuellen nicht in den Kategorien "Wissenschaft/Ideologie" angehen, sondern in den Kategorien "Wahrheit/Macht". Und davon ausgehend kann die Frage der Professionalisierung der Intellektuellen, der Trennung von Hand- und Kopfarbeit erneut aufgenommen werden.

All dies muß ziemlich verwirrend und ungewiß klingen. Ja, ungewiß, und es hat ja auch vor allem den Charakter einer Hypothese. Um die Verwirrung etwas zu verringern möchte ich einige Thesen vorlegen, die nicht als gültige Aussagen, sondern als Vorschläge zu verstehen sind, die weiter verfolgt und geprüft werden müssen.

- "Wahrheit" ist zu verstehen als ein Ensemble von geregelten Verfahren für Produktion, Gesetz, Verteilung, Zirkulation und Wirkungsweise der Aussagen.

- Die "Wahrheit" ist zirkulär an Machtsysteme gebunden, die sie produzieren und stützen, und an Machtwirkungen, die von ihr ausgehen und sie reproduzieren. "Herrschaftssystem" der Wahrheit.
- Dieses System ist nicht einfach ideologisch oder ein Phänomen des Überbaus; es war eine Bedingung für die Herausbildung und Entwicklung des Kapitalismus. Und es funktioniert genauso, von einigen Modifikationen abgesehen, in den meisten sozialistischen Ländern (ob auch in China, will ich offenlassen, da ich es nicht kenne).
- Das fundamentale politische Problem der Intellektuellen ist nicht die Kritik möglicher ideologischer Inhalte der Wissenschaft, liegt nicht darin, seine wissenschaftliche Praxis mit der richtigen Ideologie zu verbinden. Es besteht darin, herauszufinden, ob es möglich ist, eine neue Politik der Wahrheit zu konstituieren. Nicht die Veränderung des "Bewußtseins" der Menschen oder dessen, was in ihren Köpfen steckt, ist das Problem, sondern die Veränderung des politischen, ökonomischen und institutionellen Systems der Produktion von Wahrheit.
- Es geht nicht darum, die Wahrheit von jeglichem Machtsystem zu befreien - das wäre ein Hirngespinst, denn die Wahrheit selbst ist Macht - sondern darum, die Macht der Wahrheit von den Formen gesellschaftlicher, ökonomischer und kultureller Hegemonie zu lösen, innerhalb derer sie gegenwärtig wirksam ist.

Kurz, die politische Frage ist nicht der Irrtum, die Illusion, das entfremdete Bewußtsein oder die Ideologie, sie ist die Wahrheit selbst. Daher die Bedeutung Nietzsches.

Aus dem Italienischen von Elke Wehr

HISTORISCHES WISSEN DER KÄMPFE UND MACHT
Vorlesung vom 7. Januar 1976*

Was ich Ihnen sagen wollte, ist, daß ich versuchen möchte, eine Reihe von Forschungen, die wir seit vier oder fünf Jahren - d.h. praktisch seitdem ich hier bin - betrieben haben und die, wie mir jetzt klar wird, sowohl für Sie als auch für mich Schwierigkeiten angehäuft haben, gewissermaßen abzuschließen, zu beenden. Es handelte sich um Forschungen, die einander sehr verwandt waren, ohne indessen ein kohärentes Ensemble zu bilden oder eine Kontinuität aufzuweisen. Es waren fragmentarische Forschungen, von denen letztlich keine vollendet wurde, ja nicht einmal Folgen hatte, zugleich zerstreute und sich ständig wiederholende Forschungsarbeiten, die in die gleichen Konzepte, die gleichen Themen, die gleichen Begriffe usw. zurückfielen.
Was ich gemacht habe, waren, - wie Sie sich erinnern werden - kurze Hinweise auf die Geschichte der Strafprozedur, einige Kapitel über Entwicklung und Institutionalisierung der Psychiaterie im 19. Jahrhundert, Betrachtungen über die Sophistik, über das griechische Geldwesen oder über die mittelalterliche Inquisition; der Abriß einer Geschichte der Sexualität oder zumindest einer Geschichte des Wissens über die Sexualität mittels der Praxis der Beichte im 17. Jahrhundert oder der Formen der Kontrolle der kindlichen Sexualität im 18./19. Jahrhundert; eine Entstehungsge-

*Die beiden im Collège de France gehaltenen Vorlesungen wurden auf der Grundlage der Transskriptionen der während der Lesung vorgenommenen Tonbandaufnahmen übersetzt: es wurde daher bewußt, unter minimalen Änderungen, der Stil der gesprochenen Sprache bewahrt.

schichte oder besser die Entdeckung der Entstehungsgeschichte einer Theorie und eines Wissens über die Anomalie mitsamt den damit verbundenen Techniken. All dies schleppt sich hin, geht nicht vorwärts, wiederholt sich und bildet kein zusammenhängendes Ganzes; im Grunde sagt es beständig das Gleiche, doch sagt es vielleicht auch gar nichts aus. In zwei Worten: es ist nicht schlüssig.

Ich könnte Ihnen sagen, daß es sich letztlich um Spuren handelte, denen es zu folgen galt, wobei es von geringer Bedeutung war, wohin sie führten; ja, es war sogar wichtig, daß sie nirgendwohin, in keine von vorneherein determinierte Richtung führten. Diese Spuren waren wie gestrichelte Linien, und es war an Ihnen, sie fortzuführen oder anderswohin zu lenken, an mir gegebenenfalls, sie voranzutreiben oder ihnen eine andere Gestalt zu geben. Letzten Endes werden wir, Sie und ich, sehen, was wir aus diesen Fragmenten machen können. Was mich betrifft, so kam ich mir wie ein Fisch vor, der aus dem Wasser hochspringt und auf der Oberfläche eine kleine, kurze Schaumspur hinterläßt und der glauben läßt oder glauben machen will oder glauben möchte oder vielleicht tatsächlich selbst glaubt, daß er weiter unten, dort, wo man ihn nicht mehr sieht, wo er von niemandem bemerkt oder kontrolliert wird, einer tieferen, kohärenteren, vernünftigeren Bahn folgt.

Insgesamt mag also der Umstand, daß die Arbeit, die ich Ihnen vorgelegt habe, diesen zugleich fragmentarischen, repetitiven und diskontinuierlichen Verlauf nahm, so etwas wie jener fieberhaften Faulheit entsprechen, wie sie bezeichnenderweise die Liebhaber von Bibliotheken, von Dokumenten, Nachschlagewerken, verstaubten Schriften, nie gelesenen Texten und Büchern befällt, die gleich nach ihrem Erscheinen weggeschlossen werden und dann in den Regalen der Bibliotheken schlummern, denen sie erst ein paar Jahrhunderte später wieder entnommen werden; ein solches Vorgehen würde gut zur geschäftigen Tatenlosigkeit jener passen, die sich zu einem Wissen bekennen, das nichts als Vielwisserei ist, eine Art Luxuswissen, Parvenureichtum, dessen äußere Zeichen den Fuß der Buchseiten zieren. Es würde zu all jenen passen, die sich mit einer der ältesten oder charakteristischsten Geheimgesellschaften des Abendlandes verbunden fühlen, jenen seltsam unzerstörbaren und - wie mir scheint - in der Antike unbekannten Geheimgesellschaften, die zu Beginn des Christentums, wahrscheinlich zur Zeit der ersten Klöster, am Rande der Invasionen, der Feuersbrünste und der Wälder entstanden: ich meine die große, weiche, warme Freimaurerei der unnützen Gelehrsamkeit.

Dennoch hat mich nicht nur der Geschmack an dieser Freimaurerei dazu gebracht, das zu tun, was ich getan habe. Mir scheint, daß unsere Arbeit dadurch gerechtfertigt werden könnte, daß sie einem begrenzten Zeitraum entspricht, nämlich dem der letzten zehn, fünfzehn, höchstens zwanzig Jahre, in dem zwei Phänomene beobachtet werden können, die, wenn nicht wirklich bedeutend, so doch zumindest, wie mir scheint, ziemlich interessant gewesen sind.

Auf der einen Seite war dieser Zeitraum gekennzeichnet durch etwas, das man die Wirkung der verstreuten und diskontinuierlichen Angriffe nennen könnte. Ich denke dabei an viele Dinge, so zum Beispiel an die seltsame Wirkung, als es darum ging, das Funktionieren der psychiatrischen Institutionen zu behindern durch die lokalisierten Diskurse der Antipsychiatrie, Diskurse, die, wie Sie wissen, von keinerlei Gesamtsystematisierung getragen wurden und werden, auf welchen theoretischen Horizont sie sich auch beziehen mochten oder noch mögen: ich denke an die ursprünglichen Bezüge auf die existenzielle Analyse oder an die gegenwärtigen, die im Großen und Ganzen dem Marxismus entnommen sind, wie die Theorie Wilhelm Reichs. Ich denke auch an die seltsame Wirkung der Angriffe auf die traditionelle Moral und Hierarchie, die sich ebenfalls nur vage und recht entfernt auf Reich oder Marcuse bezogen. Ich denke auch an die Wirkung der Angriffe auf den Justiz- und Strafapparat, von denen einige ganz entfernt mit jenem allgemeinen und im übrigen recht zweifelhaften Begriff der Klassenjustiz verbunden waren, während andere in kaum näher definierter Weise mit anarchistischer Thematik in Zusammenhang standen. Und nicht zuletzt denke ich an die Wirkung eines Buches wie der "Anti-Ödipus", das sich praktisch auf nichts anderes bezog als auf seinen eigenen gewaltigen theoretischen Erfindungsreichtum: ein Buch oder vielmehr eine Sache, ein Ereignis, das das doch so lange Zeit ununterbrochene Gemurmel, das vom Diwan zum Sessel aufstieg, bis in seine alleralltäglichste Praxis hinein heiser werden ließ.

Was also seit zehn oder fünfzehn Jahren auftaucht, ist - so würde ich sagen - die zunehmende Kritisierbarkeit der Dinge, der Institutionen, Praktiken, Diskurse; eine Art allgemeine Brüchigkeit der Böden, auf denen wir stehen, auch und vielleicht gerade der vertrautesten, festesten, die uns, unserem Körper, unseren alltäglichen Gesten am allernächsten sind. Doch einhergehend mit dieser Brüchigkeit und dieser erstaunlichen Wirkung der diskontinuierlichen, partikularen und lokalen Kritiken entdeckt man in Wirklichkeit etwas, was man als hemmende Wirkung gerade der globalen, ganzheitlichen Theorien bezeichnen könnte. Das soll nicht heißen, daß diese globalen Theorien nicht ziemlich konstant Instrumente geliefert hätten und noch liefern, die lokal verwendbar sind: dies beweisen Marxismus und

Psychoanalyse. Aber ich glaube, daß sie diese Instrumente nur genau unter der Bedingung geliefert haben, daß die theoretische Einheit des Diskurses gleichsam unterbrochen wurde oder jedenfalls zerschnitten, zerstückelt, umgestülpt, verlagert, karikiert, theatralisiert, wie Sie wollen. Wie dem auch sei, jede Wiederaufnahme in Kategorien der Totalität hat in Wirklichkeit einen Bremseffekt gehabt.

Als erster Punkt, erstes Merkmal dieser seit ungefähr fünfzehn Jahren eingetretenen Phänomene ergibt sich somit der lokale Charakter der Kritik, was jedoch, glaube ich, nicht heißt abgestumpfter, naiver oder primitiver Empirismus, noch wirrer Eklektizismus, Opportunismus oder Empfänglichkeit für jedwedes theoretische Unterfangen, was nicht einmal heißt freiwillige Askese, die sich aus freien Stücken auf die größtmögliche theoretische Armut beschränken würde. Ich glaube, daß dieser im wesentlichen lokale Charakter der Kritik in Wirklichkeit so etwas wie eine autonome, nicht zentralisierte theoretische Produktion anzeigt, die folglich zur Bestätigung der eigenen Gültigkeit nicht der Billigung eines allgemeinen Normensystems bedarf.

Und hier stoßen wir auf das zweite Charakteristikum dieses Zeitraums: diese lokale Kritik erfolgte, wie mir scheint, über etwas, was wir "Wiederkehr von Wissen" nennen könnten. Mit "Wiederkehr von Wissen" meine ich folgendes: es ist zwar richtig, daß man in diesen kaum vergangenen Jahren häufig, zumindest auf einer oberflächlichen Ebene, auf eine Thematik der Art: nicht mehr Wissen, sondern Leben, nicht mehr Kenntnisse, sondern Wirklichkeit, nicht Bücher, sondern Geld usw. stoßen konnte, doch ich meine, daß wir unter dieser Thematik, durch sie hindurch, etwas haben entstehen sehen, was man als Aufstand der unterworfenen Wissensarten bezeichnen könnte.

Und unter unterworfenen Wissensarten verstehe ich zwei-

erlei: zum einen möchte ich damit historische Inhalte bezeichnen, die verschüttet wurden und innerhalb funktionaler Folgerichtigkeiten oder in formalen Systematisierungen untergingen. Konkret gesagt: nicht eine Semiologie des Irrenhauslebens, nicht einmal eine Soziologie der Delinquenz, sondern direkt das Sichtbarwerden von historischen Inhalten machte die tatsächliche Kritik sowohl der Irrenanstalt als auch des Gefängnisses möglich; und dies einfach deshalb, weil nur die historischen Inhalte es ermöglichen können, den Bruch der Zusammenstöße und Kämpfe wiederzufinden, den die funktionalen Anordnungen und systematischen Gliederungen ja gerade verschleiern sollen. Unter unterworfenen Wissensarten sind also jene Blöcke historischen Wissens zu verstehen, die im Inneren der funktionalen und methodischen Ensembles präsent und verschleiert waren und die die Kritik - natürlich vermittels des Instruments der Gelehrsamkeit - wieder zum Vorschein bringen konnte.
Zum anderen glaube ich, daß man unter unterworfenem Wissen etwas anderes und, in gewissem Sinne, völlig anderes verstehen muß: eine ganze Reihe von Wissensarten, die als nicht sachgerecht oder als unzureichend ausgearbeitet disqualifiziert wurden: naive, am unteren Ende der Hierarchie, unterhalb des erforderlichen Wissens- oder Wissenschaftlichkeitsniveaus rangierende Wissensarten. Und gerade über diese aus der Tiefe wiederauftauchenden Wissensarten, diese nicht qualifizierten, ja geradezu disqualifizierten Wissensarten (das Wissen des Psychiatrisierten, des Kranken, des Krankenwärters, das des Arzets - das jedoch parallel und marginal zum Wissen der Medizin besteht -, das Wissen des Delinquenten usw.), die ich als Wissen der Leute bezeichnen würde und die nicht zu verwechseln sind mit Allgemeinwissen oder gesundem Menschenverstand, sondern im Gegenteil ein besonderes, lokales, regionales Wissen

ein differentielles, von anderen Wissen stets unterschiedenes Wissen darstellen, das seine Stärke nur aus der Härte bezieht, mit der es sich allem widersetzt, was es umgibt; über das Wiederauftauchen dieses Wissens also, dieser lokalen Wissen der Leute, dieser disqualifizierten Wissensarten erfolgte die Kritik.

Dennoch ist es ein seltsames Paradox, in die Kategorie der unterworfenen Wissensarten zugleich die Inhalte des gewissenhaften, gelehrten, exakten, historischen Wissens und diese lokalen, besonderen Wissensarten, dieses Wissen der Leute einordnen zu wollen, das ein Wissen nicht des gesunden Menschenverstandes ist und das man gewissermaßen hat ruhen lassen, wenn nicht tatsächlich und explizit abseits gehalten hat. Ich meine nun, daß diese Verbindung zwischen den verschütteten Wissensarten der Gelehrsamkeit und den von der Hierarchie des Wissens und der Gelehrsamkeit disqualifizierten Wissensarten tatsächlich das in Gang gesetzt hat, was der von den Diskursen in den letzten fünfzehn Jahren geübten Kritik ihre wesentliche Stärke gegeben hat.

Und um was ging es denn nun in beiden Fällen, beim Wissen der Gelehrsamkeit und bei den disqualifizierten Wissensarten, bei diesen beiden Formen unterworfenen oder verschütteten Wissens in Wirklichkeit? Es ging um das historische Wissen der Kämpfe. In den spezialisierten Bereichen der Gelehrsamkeit wie auch im disqualifizierten Wissen der Leute schlummert die Erinnerung an die Zusammenstöße, d.h. eine Erinnerung, die bis dahin nur am Rande existieren durfte.

Und auf diese Weise zeichnete sich so etwas ab wie eine Genealogie, oder vielmehr vielfältige genealogische Forschungen, die zugleich gewissenhafte Wiederentdeckungen der Kämpfe und verschwommene Erinnerungen der Zusammenstöße waren. Und als Vebindung von gelehrtem Wissen und Wissen der Leute waren diese Genealogien nur unter einer Bedingung möglich und zu erproben: unter der Bedingung, daß die Tyrannei der globalisierenden Diskurse mit ihrer Hierarchie und sämtlichen Privilegien der theoretischen Avantgarde beseitigt würde.

Als Genealogie bezeichnen wir also diese Verbindung zwischen gelehrten Kenntnissen und lokalen Erinnerungen, die die Konstituierung eines historischen Wissens der Kämpfe ermöglicht sowie die Verwendung dieses Wissens in den gegenwärtigen Taktiken. Das wird also die vorläufige Definition der Genealogien sein, die ich mit Ihnen im Lauf der letzten Jahre zu erarbeiten versucht habe.

Wie Sie sehen, geht es bei dieser Tätigkeit, die wir als genealogische bezeichnen können, in Wirklichkeit keineswegs darum, der abstrakten Einheit der Theorie die konkrete Vielfalt der Tatsachen gegenüberzustellen. Es geht keineswegs darum, das spekulative Moment zu disqualifizieren und ihm in Form eines banales Szientismus die Präzision gefestigter Kenntnisse gegenüberzustellen. Nicht Empirismus also durchdringt den genealogischen Entwurf, nicht einmal Positivismus im üblichen Sinn des Wortes. In Wirklichkeit geht es darum, lokale, diskontinuierliche, disqualifizierte Wissensarten ins Spiel zu bringen, die nicht legitimiert sind gegenüber der einheitlichen theoretischen Instanz, die den Anspruch erhebt, sie im Namen eines wahren Wissens und der Rechte einer Wissenschaft, die sich im Besitz von irgendjemand befände, zu filtern, zu hierarchisieren und zu klassifizieren. Die Genealogien sind also nicht positivistische Rückgriffe auf eine gewissenhaftere und exaktere Form der Wissenschaft: die Genealogien sind gerade Anti-Wissenschaften. Nicht, daß sie ein dichterisches Recht auf Ignoranz oder Nicht-Wissen forderten; nicht, daß es darum ginge, Wissen zu verweigern oder das Prestige einer Kenntnis oder einer unmittelbaren, noch nicht vom Wissen in Beschlag genommenen Erfahrung ins Spiel zu bringen und geltend zu machen. Nicht darum geht es, sondern um den Aufstand der einzelnen Wissensarten, und zwar nicht so sehr gegen die Inhalte, Methoden oder Begriffe einer Wissenschaft als vielmehr gegen die zentralisierenden Machtwirkungen, die mit der Institution und dem Funktionieren eines wissenschaftlichen Diskurses verbunden sind, wie er in einer Gesellschaft wie der unsrigen organisiert ist. Und ob diese Institutionalisierung des wissenschaftlichen Diskurses in einer Universität Gestalt annimmt oder, allgemeiner, in einem pädagogischen Apparat, in einer theoretisch-kommerziellen Institution wie der Psychoanalyse oder in einem politischen Apparat mitsamt all seinen Bezügen wie im Fall des Marxismus, ist im Grunde genommen von geringer Bedeutung; die Genealogie muß gerade gegen die Machtwirkungen eines als wissenschaftlich angesehenen Diskurses den Kampf führen.

Genauer gesagt: Sie wissen, wie zahlreich seit nunmehr vielen Jahren, wahrscheinlich seit mehr als einem Jahrhundert, jene gewesen sind, die sich gefragt haben, ob der Marxismus eine Wissenschaft sei oder nicht. Man könnte sagen, daß die gleiche Frage im Hinblick auf die Psychoanalyse oder, schlimmer noch, die Semiologie der literarischen Texte gestellt wurde und noch immer gestellt wird.

Doch auf all diese Fragen: ist es eine Wissenschaft oder ist es keine Wissenschaft? würden die Genealogien oder die Genealogen antworten: also, was man euch vorwirft, ist ja gerade, daß ihr aus dem Marxismus und aus der Psychoanalyse oder aus dieser oder jener Sache eine Wissenschaft macht. Wenn wir gegenüber dem Marxismus einen Einwand geltend zu machen haben, dann gerade den, daß er tatsächlich eine Wissenschaft sein könnte. Genauer gesagt: wäre es nicht nötig, noch bevor man weiß, inwieweit eine Sache wie der Marxismus oder die Psychoanalyse in ihrem alltäglichen Funktionieren, in den Prinzipien ihres Aufbaus, in den verwendeten Begriffen, einer wissenschaftlichen Praxis entspricht, noch bevor man sich diese Frage der formalen und strukturellen Analogie des marxistischen oder psychoanalytischen Diskurses zu einem wissenschaftlichen Diskurs stellt, die Frage nach dem Machtstreben zu stellen, das der Anspruch, eine Wissenschaft zu sein impliziert? Müßten die eigentlichen Fragen nicht lauten: welche Wissensarten wollt ihr disqualifizieren, wenn ihr fragt: ist es eine Wissenschaft? Welche sprechenden, diskursführenden Subjekte, welche Erfahrens- und Wissensgegenstände wollt ihr also "minorisieren", wenn ihr sagt: "Ich, der ich diesen Diskurs halte, halte einen wissenschaftlichen Diskurs, ich bin ein Wissenschaftler"? Welche theoretisch-politische Avantgarde wollt ihr inthronisieren, indem ihr sie von allen zirkulierenden und diskontinuierlichen Wissensarten loslöst? Wenn ich sehe, wie ihr euch anstrengt zu entscheiden, daß der Marxismus eine Wissenschaft ist, dann denke ich in Wirklichkeit nicht, daß ihr damit ein für allemal beweist, daß der Marxismus eine rationale Struktur hat und daß infolgedessen seine Sätze Ergebnis verifizierbarer Verfahren sind; für mich macht ihr damit vor allem etwas anderes, nämlich ihr erkennt den marxistischen Diskursen und denen, die diese Diskurse halten, genau jene Machtwirkungen zu, die das Abendland seit dem Mittelalter der Wissenschaft zugewiesen und jenen vorbehalten hat, die einen wissenschaftlichen Diskurs halten.

Die Genealogie wäre somit gegenüber und entgegen der beabsichtigten Einschreibung der einzelnen Wissensarten in die Hierarchie der der Wissenschaft eigenen Machtwirkungen eine Art Versuch, die historischen Wissensarten aus der Unterwerfung zu befreien, d.h. sie fähig zum Widerstand und zum Kampf gegen den Zwang eines theoretischen, einheitlichen, formalen und wissenschaftlichen Diskurses zu machen. Aktivierung der lokalen - Deleuze würde vielleicht sagen: minderen- Wissensarten gegen die wissenschaftliche Hierarchisierung des Wissens und die ihr innewohnenden Machtwirkungen: genau das ist die Absicht dieser ungeordneten und fragmentarischen Genealogien. Um es in wenigen Worten zu sagen: die Archäologie wäre die spezifische Methode der Analyse der lokalen Diskursivitäten und die Genealogie die Taktik, die ausgehend von den derart beschriebenen lokalen Diskursivitäten die daraus auftauchenden und aus der Unterwerfung befreiten Wissensarten spielen läßt.

Dies wollte ich sagen, um das Vorhaben wieder in seiner Gesamtheit erscheinen zu lassen. Sie sehen, daß all diese Forschungsfragmente, all diese Diskurse, die zugleich übereinandergelagert und in der Schwebe sind und die ich seit nunmehr vier oder fünf Jahren beharrlich wiederhole, als Elemente dieser Genealogien betrachtet werden konnten, die ich - bei weitem nicht als Einziger- im Laufe etwa der letzten fünfzehn Jahre erarbeitet habe. An diesem Punkt tritt ein Problem auf, stellt sich eine Frage: Warum nicht mit einer so angenehmen und wahrscheinlich so wenig verifizierbaren Theorie der Diskontinuität weitermachen, warum nicht weitermachen, indem man etwas aus dem Bereich der Psychiatrie oder der Theorie der Sexualität usw. herausgreift? Es ist richtig, man könnte weitermachen - und ich werde es in gewissem Sinne versuchen zu tun - hätte sich die Situation nicht in mancherlei Hinsicht verändert. Ich meine, daß sich die Dinge im Vergleich zu der Situation, wie wir sie vor fünf, zehn oder sogar fünfzehn Jahren kannten, vielleicht geändert haben, daß die Schlacht vielleicht nicht mehr die gleiche Physiognomie hat. Befinden wir uns noch in dem gleichen Kräfteverhältnis, das uns erlauben würde, diese ausgegrabene Wissensarten sozusagen in lebendigem Zustand und außerhalb jeglicher Unterwerfungsbeziehung geltend zu machen? Welche Kraft haben sie in sich selbst? Und besteht nicht vielleicht letztlich die Gefahr, daß, sobald die Fragmente der Genealogien ihre Bedeutung gewinnen und die Wissenselemente, die man auszugraben versucht hat, geltend gemacht oder in Umlauf gebracht werden, diese ihrerseits wieder kodifiziert und kolonisiert werden? Vielleicht sind die einheitlichen Diskurse jetzt in der Tat bereit, sie sich anzueignen, sie wieder in ihre eigenen Diskurse und ihre Macht- und Wissenswirkungen aufzunehmen, nachdem sie sie zuerst disqualifiziert und dann, nach ihrem Wiederauftauchen, ignoriert haben. Und wenn wir diese derart befreiten Fragmente schützen wollen, setzen wir uns dann nicht der Gefahr aus, selbst, mit unseren eigenen Händen, jenen einheitlichen Diskurs zu konstruieren, zu dem uns - vielleicht, um uns eine Falle zu stellen - diejenigen auffordern, die sagen:"All das ist sehr gut, aber in welche Richtung geht es, welche Einheit bildet es?" Bis zu einem bestimmten Punkt besteht die Versuchung zu sagen: nun gut, machen wir weiter, akkumulieren wir; schließlich ist der Zeitpunkt noch nicht gekommen, an dem wir Gefahr laufen, kolonisiert zu werden; man könnte sogar herausfordernd sagen: versucht doch nur, uns zu kolonisieren! Man könnte zum Beispiel auch die Frage stellen: gab es seit Beginn der Antipsychiatrie oder der Genealogie der psychiatrischen Institutionen - vor nunmehr gut fünfzehn Jahren - auch nur einen einzigen Marxisten oder einen einzigen Psychiater, der sie in seinen eigenen Begriffen neu gedacht und aufgezeigt hat, daß diese Genealogien,

die man erarbeitet hatte, falsch, schlecht ausgearbeitet, schlecht artikuliert, schlecht begründet waren?
In Wirklichkeit verhält es sich so, daß die Fragmente der Genealogie, die produziert worden sind, einfach liegenbleiben, umgeben von zurückhaltendem Schweigen. Es werden ihnen allerhöchstens Äußerungen in der Art entgegengehalten, wie wir sie kürzlich aus dem Munde von, so glaube ich, Herrn Juquin* vernehmen konnten: "All das ist sehr gut, trotzdem trifft es zu, daß die sowjetische Psychiatrie die erste der Welt ist." Ich würde antworten: Gewiß, Sie haben Recht, die sowjetische Psychiatrie ist die erste der Welt, und genau das wirft man ihr vor.
Das Schweigen, oder vielmehr die Vorsicht, mit der die einheitlichen Theorien die Genealogie der Wissensarten umgehen, wäre also vielleicht ein Grund weiterzumachen. Jedenfalls könnten auf diese Weise die genealogischen Fragmente in Form von Fallen, Fragen, Herausforderungen, wie Sie wollen, vermehrt werden. Aber es ist letztlich wahrscheinlich allzu optimistisch - denn es geht ja um eine Schlacht, und zwar die der einzelnen Wissen gegen die Machtwirkungen des wissenschaftlichen Diskurses - würde man das Schweigen des Gegners als Beweis dafür nehmen, daß wir ihm Angst machen. Vielleicht kann das Schweigen des Gegners auch eine Zeichen dafür sein, daß wir ihm überhaupt keine Angst machen - zumindest ist dies ein methodologischer oder taktischer Grundsatz, den man sich, so glaube ich, immer vor Augen halten sollte. Wie dem auch sei, wir müssen so tun, als ob wir ihm keine Angst machen; dann aber wird es keineswegs darum gehen, allen zerstreuten Genealogien ein einheitliches und festes theoretisches Terrain zu geben, noch darum, ihnen zu ihrer Vereinheitlichung von oben eine

*Abgeordneter der KPF

Art theoretische Krönung aufzuzwingen, sondern darum, den Einsatz zu definieren und herauszustreichen, der bei diesem Widerstand, diesem Kampf, diesem Aufstand der einzelnen Wissensarten gegen die Institution und die Macht- und Wissenswirkungen des wissenschaftlichen Diskurses auf dem Spiel steht.

Und der Einsatz all dieser Genealogien ist: was ist diese Macht, die in all ihrer Gewalttätigkeit, Aggressivität und Absurdität konkret im Verlauf der letzten vierzig Jahre auf der Linie zugleich des Zusammenbruchs des Nazismus und des zurückweichenden Stalinismus in Erscheinung getreten ist? Was ist die Macht, oder vielmehr - denn ich will ja gerade nicht die alles krönende theoretische Frage stellen - welches sind die verschiedenen Machtdispositive mit all ihren Mechanismen, Wirkungen und Beziehungen, die auf verschiedenen Ebenen der Gesellschaft, in so verschiedenen Bereichen und in so unterschiedlichem Umfang funktionieren? Ich glaube, daß der Einsatz all dessen in groben Zügen folgendermaßen formuliert werden kann: kann die Analyse der Macht oder der einzelnen Machtformen in der einen oder anderen Weise von der Ökonomie abgeleitet werden? Ich möchte erläutern, warum ich diese Frage stelle und in welchem Sinne. Ich meine - und damit will ich keineswegs unzählige, gewaltige Unterschiede ausradieren - daß trotz und durch diese Unterschiede ein bestimmter gemeinsamer Punkt existiert zwischen der juristischen und, sagen wir, liberalen Konzeption der politischen Macht - wie sie bei den Philosophen des 18. Jahrhunderts zu finden ist - und der marxistischen Konzeption oder zumindest einer bestimmten, gängigen Konzeption, die als marxistische gilt. Diesen gemeinsamen Punkt würde ich als den Ökonomismus in der Theorie der Macht bezeichnen. Damit will ich sagen, daß die Macht in der klassischen juristischen Theorie als ein Recht betrachtet wird, das man wie ein Gut besitzt und infolgedessen ganz oder teilweise über einen juristischen Akt oder einen rechtsgründenden Akt in Form einer Übertragung oder eines Vertrages abtreten oder veräußern kann. Die Macht ist die konkrete Macht, die jedes Individuum besitzt und die es - ganz oder teilweise - zwecks Konstituierung einer politischen Macht, einer Souveränität, abtritt. Im Innern dieses theoretischen Ensembles, auf das ich mich beziehe, erfolgt die Konstituierung der politischen Macht also nach dem Vorbild einer juristischen Handlung in Form eines vertragsmäßigen Tausches (daher besteht in all diesen Theorien eine deutliche Analogie zwischen Macht und Gütern, Macht und Reichtum). Im anderen Fall- ich meine die allgemeine marxistische Konzeption der Macht - ist nichts von alledem vorhanden; doch liegt in dieser Konzeption etwas anderes, was man als ökonomische Funktionalität der Macht bezeichnen könnte: ökonomische Funktionalität insofern, als die Macht im wesentlichen die Aufgabe hätte, zugleich die Produktionsverhältnisse und die Klassenherrschaft aufrechtzuerhalten, die durch die Entwicklung und die spezifischen Bedingungen der Aneignung der Produktivkräfte ermöglicht wurden. Die politische Macht hätte somit hier, in der Ökonomie, ihren historischen Daseinsgrund. Kurz gesagt, im ersten Fall haben wir es mit einer politischen Macht zu tun, die ihr formales Modell im Austauschprozeß, in der Ökonomie der Güterzirkulation hätte und im zweiten Fall mit einer politischen Macht, die ihren historischen Daseinsgrund und das Prinzip ihrer konkreten Form und ihrer gegenwärtigen Funktionsweise in der Ökonomie hätte. Nun, das Problem, das bei den Forschungen, von denen ich spreche, auf dem Spiel steht, kann, so glaube ich, folgendermaßen zerlegt werden: Erstens: befindet sich die Macht stets in untergeordneter Position in Bezug auf die Ökonomie, wird sie stets von der Ökonomie zweckbestimmt und funktionalisiert? Besteht ihr Daseinsgrund, ihr Zweck im wesentlichen darin, der Ökonomie zu dienen, ist sie dazu bestimmt, sie zum Funktionieren zu bringen, Verhältnisse zu stabilisieren, aufrechtzuerhalten, zu reproduzieren, die für diese Ökonomie kennzeichnend und für ihr Funktionieren wesentlich sind? Zweitens: ist die Macht der Ware nachgeformt, ist sie etwas, was man besitzt, was man durch Vertrag oder Gewalt erwirbt und abtritt, was man veräußert oder wiedererwirbt, was zirkuliert, diese oder jene Region meidet? Oder sind die Instrumente, mit deren Hilfe man sie analysieren müßte, im Gegenteil ganz andere, auch wenn die Machtverhältnisse tiefgehend mit und in die ökonomischen Verhältnisse verflochten sind und stets eine Art Knäuel mit ihnen bilden? In diesem Fall hätte die Untrennbarkeit von Ökonomie und Politik weder den Rang einer funktionalen Unterordnung noch besäße sie jenen formalen Isomorphismus, sondern sie gehörte einer anderen Ordnung an, die es gerade herauszufinden gälte.

Über was verfügen wir heute für eine nicht-ökonomische Analyse der Macht? Ich glaube, über sehr wenig. Wir verfügen vor allem über die Aussage, daß die Macht nicht gegeben wird, daß sie weder getauscht noch zurückgenommen wird, sondern daß sie ausgeübt wird und nur in actu existiert. Weiter verfügen wir über eine andere Aussage, nämlich, daß die Macht nicht hauptsächlich Erhaltung und Reproduktion der ökonomischen Verhältnisse, sondern vor allem ein Kräfteverhältnis ist. Dann müßte man sich also folgende Frage stellen: wenn die Macht ausgeübt wird, was ist dann diese Ausübung, worin besteht sie, worin liegt ihr Mechanismus? Es gibt eine unmittelbare Antwort, die mir von vielen gegenwärtigen Analysen zu kommen scheint: Macht ist im wesentlichen, was unterdrückt.

Die Macht unterdrückt die Natur, die Instinkte, eine Klasse, die Individuen; und ist im zeitgenössischen Diskurs diese hundert mal wiederholte Definition der Macht als einer unterdrückenden zu finden, so hat sie nicht der zeitgenössische Diskurs erfunden: Hegel hatte es als erster gesagt, dann Freud, dann Reich. Wie dem auch sei: 'Organ der Unterdrückung' ist im gegenwärtigen Vokabular die quasi automatische Benennung der Macht. Muß dann nicht die Analyse der Macht vor allem und im wesentlichen eine Analyse der Unterdrückungsmechanismen sein?

Und weiter, zweite Antwort: wenn die Macht wirklich die Entfaltung eines Kräfteverhältnisses ist, sollte sie dann nicht statt in Kategorien wie Übertragung, Vertrag, Veräußerung oder in funktionalen Begriffen der Erhaltung der Produktionsverhältnisse vor allem in Kategorien wie Kampf, Konfrontation und Krieg analysiert werden? Man hätte also gegenüber der ersten Hypothese, der zufolge der Mechanismus der Macht im wesentlichen Unterdrückung ist, eine zweite Hypothese, die lauten würde: die Macht ist der Krieg, der mit anderen Mitteln fortgesetzte Krieg; man würde somit die Formel von Clausewitz umkehren und sagen, daß die Politik die Fortsetzung des Krieges mit anderen Mitteln ist. Das bedeutet dreierlei: erstens, daß die Machtverhältnisse, wie sie in einer Gesellschaft wie der unsrigen wirksam sind, im wesentlichen in ein bestimmtes Kräfteverhältnis einmünden, das zu einem bestimmten, historisch determinierbaren Zeitpunkt des Krieges entsteht. Und wenn es zutrifft, daß die politische Macht den Krieg beendet und in der zivilen Gesellschaft Frieden herrschen läßt oder zu herrschen lassen versucht, dann geschieht dies keineswegs um die Wirkungen des Krieges zu beseitigen oder das Ungleichgewicht aufzuheben, das sich in der letzten

Schlacht hergestellt hat; in dieser Hypothese hätte die politische Macht die Aufgabe, dieses Kräfteverhältnis mittels einer Art stillen Krieges beständig von neuem in die Institutionen, die ökonomischen Ungleichheiten, in die Sprache und bis hinein in die Körper der Einzelnen einzumeißeln.

Dies wäre also die erste Bedeutung der Umkehrung der Formel von Clausewitz: Die Politik als ein mit anderen Mitteln fortgesetzter Krieg. Die Politik wäre also Sanktion und Erhaltung des Ungleichgewichts der Kräfte, wie es sich im Krieg offenbart hat. Doch würde die Umkehrung dieses Saztes auch etwas anderes bedeuten: im Rahmen dieses "zivilen Friedens" dürften die in einem politischen System stattfindenden politischen Kämpfe, die Zusammenstöße in Bezug auf die Macht, mit der Macht, um die Macht, die Veränderungen der Kräfteverhältnisse, die Verschärfungen auf der einen Seite, die Verstärkungen usw. nur als Fortsetzung des Krieges gedeutet werden: all dies müßte also als Episoden, Bruchstücke, Verlagerungen des Krieges selbst entziffert werden. Es würde niemals mehr etwas anderes als die Geschichte dieses Krieges geschrieben werden, auch dann, wenn man die Geschichte des Friedens und seiner Institutionen schreiben würde. Und schließlich würde die Umkehrung der Formel von Clausewitz etwas Drittes bedeuten, nämlich daß die letzte Entscheidung nur vom Krieg kommen kann, d.h. von einer Kraftprobe, bei der schließlich die Waffen entscheiden werden. Die letzte Schlacht würde schließlich die Ausübung der Macht als einem ständigen Krieg beenden.

Sobald man versucht, sich bei der Analyse der Macht von den ökonomischen Schemata zu befreien, sieht man sich also unmittelbar vor zwei Hypothesen von großer Tragweite gestellt: einerseits bestünden die Machtmechanismen in Unterdrückung - diese Hypothese würde ich aus Bequemlichkeit die Hypothese Reichs nennen -

und andererseits wäre die Grundlage des Machtverhältnisses die kriegerische Auseinandersetzung der Kräfte, und diese Hypothese würde ich - ebenfalls aus Bequemlichkeit - die Hypothese Nietzsches nennen.
Diese beiden Hypothesen sind nicht unvereinbar, ja sie scheinen sogar mit relativer Wahrscheinlichkeit miteinander verknüpft zu sein. Schließlich könnte Unterdrückung eine politische Folge des Krieges sein, etwa so wie Zwang in der klassischen Theorie des politischen Rechts der Mißbrauch der Souveränität in der juristischen Ordnung war.
Man könnte also zwei große Systeme der Machtanalyse einander gegenüberstellen: das eine wäre das alte System, das bei den Philosophen des 18. Jahrhunderts zu finden ist und sich um die Macht als originäres Recht bewegt, das abgetreten wird und Souveränität konstituiert sowie um den Vertrag als Matrix der politischen Macht; die auf diese Weise konstituierte Macht droht dann zum Zwang zu werden, wenn sie über sich selbst hinausgeht, d.h. wenn sie die Grenzen des Vertrages überschreitet: Vertragsmacht mit dem Zwang als Grenze oder vielmehr als Überschreitung der Grenze. Das andere System würde dagegen versuchen, die politische Macht nicht mehr nach dem Schema Vertrag-Zwang zu analysieren, sondern nach dem Schema Krieg-Unterdrückung, und an diesem Punkt ist Unterdrückung nicht mehr das, was Zwang in Bezug auf den Vertrag war, also ein Mißbrauch, sondern im Gegenteil der einfache Effekt und die einfache Fortsetzung eines Herrschaftsverhältnisses. Unterdrückung wäre nichts anderes als die Herstellung eines fortwährenden Kräfteverhältnisses im Innern dieses Pseudofriedens.
Es ergeben sich also zwei Modelle für eine Analyse der Macht. Das Modell Vertrag-Zwang, d.h. das ju-

ristische Modell,und das Modell Herrschaft-Unterdrückung oder Krieg-Unterdrückung, in dem der pertinente Gegensatz nicht der zwischen legitim und nichtlegitim ist wie im ersten Modell, sondern der zwischen Kampf und Unterwerfung.

Es ist klar, daß alles, was ich im Laufe der letzten Jahre gemacht habe, vom Modell Kampf-Unterdrückung ausging, und dieses habe ich auch bis jetzt anzuwenden versucht, war ich zu überdenken veranlaßt, sowohl weil es in einer ganzen Reihe von Punkten noch unzureichend ausgearbeitet ist als auch weil ich glaube, daß gerade die beiden Begriffe Unterdrückung und Krieg beträchtlich modifiziert, wenn nicht vielleicht sogar aufgegeben werden müssen. Jedenfalls glaube ich, daß man sie genauer reflektieren muß.

Besonders gegenüber dem Begriff der Unterdrückung bin ich immer mißtrauisch gewesen : gerade im Zusammenhang mit den Genealogien, von denen ich soeben sprach, im Zusammenhang mit der Geschichte des Strafrechts, der Macht der Psychiatrie, der Kontrolle der kindlichen Sexualität usw. habe ich Ihnen zu zeigen versucht, daß die Mechanismen, die in diesen Machtformationen wirksam sind, etwas ganz anderes als Unterdrückung, jedenfalls sehr viel mehr als Unterdrückung sind. Die Notwendigkeit, den Begriff der Unterdrückung stärker zu reflektieren, entsteht also daraus, daß ich den Eindruck habe, daß er, der heute so geläufig zur Beschreibung der Machtmechanismen und -wirkungen verwendet wird, für ihre Analyse völlig unzureichend ist.

Aus dem Italienischen von Elke Wehr

RECHT DER SOUVERÄNITÄT/MECHANISMUS DER DISZIPLIN

Vorlesung vom 14. Januar 1976

Das Problem, das ich bis jetzt, ungefähr seit 1970-71, zu umreißen versucht habe, war das Wie der Macht; d.h. ich habe versucht, ihre Mechanismen innerhalb zweier Bezugspunkte, zweier Grenzen zu erfassen: einerseits der Rechtsregeln, die die Macht formal begrenzen, andererseits der Wahrheitswirkungen, die diese Macht produziert und vermittelt und die ihrerseits diese Macht reproduzieren. Ein Dreieck also: Macht, Recht, Wahrheit.

Ganz schematisch können wir sagen, daß die traditionelle Frage der politischen Philosophie folgendermaßen formuliert werden könnte: wie kann der Diskurs der Wahrheit oder einfach die als Diskurs der Wahrheit par excellence begriffene Philosophie die rechtlichen Grenzen der Macht festlegen? Das ist die traditionelle Frage. Ich möchte lieber eine andere stellen, von unten her, eine im Vergleich zu dieser traditionellen, erhabenen und philosophischen sehr viel konkretere Frage. Mein Problem wäre eher folgendes: welche Rechtsregeln wendet die Macht an, um Diskurse der Wahrheit zu produzieren? Oder weiter: welcher Machttyp vermag Diskurse der Wahrheit zu produzieren, die in einer Gesellschaft wie der unsrigen mit derart mächtigen Wirkungen ausgestattet sind? Damit meine ich folgendes: in einer Gesellschaft wie der unsrigen - im Grunde genommen jedoch in jeder Gesellschaft - wird der soziale Körper von vielfältigen Machtbeziehungen überzogen, charakterisiert und konstituiert, und diese Machtbeziehungen können sich weder auflösen noch stabilisieren noch funktionieren ohne Produktion, Akkumulation, Zirkulation und Funktionieren des

Diskurses. Es gibt keine Machtausübung ohne eine bestimmte Ökonomie der Diskurse der Wahrheit, eine Ökonomie, die innerhalb dieses Kräftepaares und von ihm ausgehend funktioniert. Wir sind der Produktion der Wahrheit durch die Macht unterworfen und können die Macht nur über die Produktion der Wahrheit ausüben. Das gilt für jede Gesellschaft, doch glaube ich, daß das Verhältnis zwischen Macht, Recht und Wahrheit in der unsrigen in ganz besonderer Weise organisiert ist. Was deren Intensität und Konstanz - nicht den Mechanismus - betrifft, könnte ich sagen, daß wir von der Macht gezwungen werden, die Wahrheit zu produzieren: sie fordert es, sie braucht sie, um zu funktionieren: wir *müssen* die Wahrheit sagen, wir sind gezwungen oder dazu verurteilt, die Wahrheit zu bekennen oder sie zu finden. Die Macht hört nicht auf, uns zu fragen, hört nicht auf, zu forschen, zu registrieren, sie institutionalisiert und professionalisiert die Suche nach der Wahrheit und belohnt sie. Im Grunde müssen wir die Wahrheit produzieren wie wir Reichtümer produzieren müssen, ja wir müssen sogar die Wahrheit produzieren, um überhaupt Reichtümer produzieren zu können. Auf der anderen Seite sind wir der Wahrheit unterworfen, auch in dem Sinne, daß die Wahrheit das Gesetz macht, daß sie den wahren Diskurs produziert, der - zumindest teilweise - selbst Machtwirkungen bestimmt, übermittelt, vorantreibt. Schließlich werden wir beurteilt, verurteilt, klassifiziert, zu Aufgaben gezwungen, wird uns eine bestimmte Lebens- (oder Sterbe-)weise zugewiesen, entsprechend wahrer Diskurse, die spezifische Machtwirkungen mit sich bringen.

Rechtsregeln, Machtmechanismen, Wahrheitswirkungen oder auch Machtregeln und Macht der wahren Diskurse - das ist also ungefähr das sehr allgemeine Feld, das ich durchstreifen wollte, wenn auch - und das ist mir sehr wohl bewußt - nur partiell und unter vielen Zickzackbewegungen. Und auf dieser Strecke möchte ich etwas sagen in Bezug auf das Grundprinzip und die imperativen Gebote, von denen ich mich habe leiten lassen und zu den methodologischen Vorkehrungen, die ich getroffen habe. Für das Verhältnis zwischen Recht und Macht gilt ein Grundprinzip: ich meine, daß die Ausarbeitung der Rechtslehre in den abendländischen Gesellschaften seit dem Mittelalter im wesentlichen um die reale Macht herum erfolgte. Das Rechtsgebäude unserer Gesellschaften wurde auf Verlangen der realen Macht, zu ihrem Nutzen und um ihr als Werkzeug oder Rechtfertigung zu dienen, errichtet. Das Recht des Abendlandes ist ein vom König befohlenes Recht. Natürlich kennen alle die bekannte und berühmte, ständig wiederkehrende Rolle der Rechtsgelehrten bei der Organisation der realen Macht. Man darf nicht vergessen, daß die Wiederbelebung des Römischen Rechts im 12. Jahrhundert das grundlegende Phänomen war, um das und von dem ausgehend der Wiederaufbau des Rechtsgebäudes erfolgte, das sich nach dem Fall des Römischen Reiches aufgelöst hatte; tatsächlich war diese Widerauferstehung des Römischen Rechts eines der technischen und konstitutiven Instrumente der autoritären, administrativen und letztlich absolutistischen monarchistischen Macht. Und wenn dieses Rechtsgebäude sich in den darauffolgenden Jahrhunderten der realen Kontrolle entzogen haben oder, genauer gesagt, wenn es sich gegen sie gewandt haben wird, dann werden dabei stets die Grenzen dieser Macht zur Debatte stehen, wird immer die Frage nach ihren Vorrechten im Mittelpunkt stehen. Mit anderen Worten: ich glaube, daß die zentrale Gestalt im ganzen abendländischen Rechtsgebäude der König ist. Bei der allgemeinen Organisation des abendländischen Rechtssystems geht es im wesentlichen um den König, um seine Rech-

te, seine Macht und deren etwaige Grenzen. Mochten die Rechtsgelehrten Diener des Königs oder seine Gegner sein, stets ist in diesen großen Gebäuden der Rechtslehre und der Rechtswissenschaft von der realen Macht die Rede.
Das geschieht auf zweierlei Art und Weise. Entweder um aufzuzeigen, in welchem rechtlichen Gerüst sich die Macht verankerte und daß der Monarch tatsächlich der lebendige Körper der Souveränität ist, daß seine Macht - so absolut sie auch sein mochte - seinem fundamentalen Recht genau angemessen war. Oder aber um zu beweisen, daß es nötig sei, diese Macht des Souveräns einzuschränken, um aufzuzeigen, welchen Rechtsregeln er sich unterwerfen mußte, innerhalb welcher Grenzen er diese Macht ausüben durfte, damit sie ihre Legitimität wahre. Seit dem Mittelalter hat die Rechtstheorie im wesentlichen die Funktion, die Legitimität der Macht zu bestimmen, d.h. die grundlegende Frage, auf die sich die ganze Rechtstheorie gründet, ist die Frage der Souveränität.

Wenn man sagt, daß die zentrale Frage des Rechts in den abendländischen Gesellschaften die Souveränität ist, so bedeutet dies im Grunde, daß Diskurs und Technik des Rechts im wesentlichen die Funktion gehabt haben, den Faktor Herrschaft innerhalb der Macht zu beseitigen und an seiner Stelle zwei Dinge erscheinen zu lassen: einerseits die legitimen Rechte der Souveränität und andererseits die gesetzmäßige Verpflichtung zum Gehorsam. Das Rechtssystem ist von Grund auf auf den König zentriert und damit Beseitigung der Herrschaft und ihrer Folgen.
Und so war mein allgemeines Vorhaben in den vergangenen Jahren im Grunde, die Richtung der Analyse des ganzen Diskurses des Rechts ab dem Mittelalter umzukehren. Ich habe also versucht, das Gegen-

teil zu tun, d.h. das Faktum der Herrschaft in ihrer Subtilität wie auch in ihrer Gewalttätigkeit in den Vordergrund zu stellen; und davon ausgehend habe ich zu zeigen versucht, nicht nur daß das Recht - ganz allgemein - das Instrument dieser Herrschaft ist, was sich von selbst versteht, sondern auch wie, bis wohin und in welcher Form das Recht (und wenn ich Recht sage, dann meine ich nicht nur das Gesetz, sondern die Gesamtheit der Apparate, Institutionen, Reglementierungen, die das Recht zur Anwendung bringen) Verhältnisse vermittelt und verwirklicht, die keine Souveränitäts- sondern Herrschaftsverhältnisse sind. Und unter Herrschaft verstehe ich nicht die massive Tatsache einer globalen Herrschaft eines einzigen über alle anderen, oder einer Gruppe über eine andere, sondern die vielfältigen Formen der Herrschaft, die im Inneren einer Gesellschaft ausgeübt werden können. Ich meine also nicht den König in seiner zentralen Position, sondern die Subjekte in ihren gegenseitigen Beziehungen: nicht die Souveränität in ihrem einheitlichen Gebäude, sondern die mannigfachen subjektivierenden Unterwerfungen, die im Inneren des sozialen Körpers stattfinden und wirksam sind.

Rechtssystem und Rechtssprechung sind die permanenten Zwischenglieder von Herrschaftsverhältnissen und vielförmiger Unterwerfungstechniken. Das Recht darf nicht, so glaube ich, von einer zu determinierenden Legitimität aus gesehen werden, sondern man muß von den Unterwerfungsprozeduren ausgehen, die es ins Werk setzt.

Das Problem besteht für mich darin, diese für das Recht zentrale Frage der Souveränität und des Gehorsams der ihr unterworfenen Individuen zu umgehen und an die Stelle von Souveränität und Gehorsam Herrschaft und Unterwerfung treten zu lassen. Ausgehend von dieser generellen Linie der Analyse - und auch,

um ihr folgen zu können - war nun eine gewissen Anzahl methodologischer Vorkehrungen vonnöten. Als allererste folgende: es geht nicht darum, die regulierten, legitimen Formen der Macht in ihrem Kern, in ihren möglichen allgemeinen Mechanismen und ihren konstanten Wirkungen zu analysieren, sondern darum, die Macht an ihren äußersten Punkten, an ihren letzten Verästelungen, dort, wo ihre Kanäle haarfein sind, zu erfassen; die Macht also in ihren regionalsten, lokalsten Formen und Institutionen anzugehen, besonders dort, wo sie die Rechtsregeln, die sie organisieren und begrenzen, überspringt und sich so über sie hinaus verlängert, sich in Institutionen eingräbt, sich in Techniken verkörpert und sich Instrumente materiellen, möglicherweise auch gewaltsamen Eingreifens gibt.
Ein Beispiel: anstatt herauszufinden, wo und wie das Recht zu strafen sich auf die Souveränität gründet, wie sie in der Theorie des monarchischen Rechts oder der des demokratischen Rechts erscheint, habe ich zu ergründen versucht, wie die Bestrafung und das Recht zu strafen in einer gewissen Anzahl lokaler, regionaler, materieller Institutionen Gestalt annahmen - mag es sich dabei um Marter oder um Einkerkerung handeln - und zwar im zugleich institutionellen, physischen, reglementarischen und gewalttätigen Bereich der konkreten Strafapparate. Mit anderen Worten: ich habe versucht, die Macht an den äußersten, immer weniger vom Recht her bestimmten Verzweigungen ihrer Ausübung zu erfassen.
Die zweite methodologische Vorkehrung bestand darin, die Macht nicht auf der Ebene der Intention oder der Entscheidung zu analysieren, nicht zu versuchen, sie von ihrer Innenseite her anzugehen, nicht die labyrinthische und unbeantwortbare Frage zu stellen: "Wer also hat die Macht und was hat er im Sinn, oder wonach strebt der die Macht hat?" Es ging vielmehr da-

rum, die Macht dort zu analysieren, wo ihre Intention - wenn es eine Intention gibt - völlig im Innern realer und konkreter Praktiken aufgeht, darum, sie in ihrer äußeren Fassade zu analysieren, dort, wo sie in direktem und unmittelbaren Zusammenhang steht mit dem, was wir vorläufig als ihren Gegenstand, ihre Zielscheibe, ihren Anwendungsbereich bezeichnen können, dort also, wo sie sich festsetzt und ihre realen Wirkungen produziert.

Man frage sich also nicht, warum einige herrschen wollen, was sie antreben, welches ihre globale Strategie ist, sondern wie die Dinge auf der Ebene des Unterwerfungsprozesses funktionieren oder in jenen kontinuierlichen, ununterbrochenen Prozessen, die die Körper unterwerfen, die Gesten lenken, das Verhalten beherrschen usw. Mit anderen Worten: anstatt sich zu fragen, wie der Souverän an der Spitze erscheint, sollte man herauszufinden versuchen, wie sich allmählich, schrittweise, tatsächlich, materiell, ausgehend von der Vielfältigkeit der Körper, Kräfte, Energien, Materien, Wünsche, Gedanken usw. die Subjekte konstituiert haben. Man muß die materielle Instanz der Unterwerfung in ihrer subjektkonstituierenden Funktion erfassen. Es wäre das genaue Gegenteil dessen, was Hobbes im Leviathan versucht hat, und im Grunde, glaube ich, auch dessen, was sämtliche Rechtsgelehrten tun, für die das Problem darin liegt, herauszufinden, wie sich ausgehend von der Vielfalt der Individuen und der Willen ein einheitlicher Wille oder besser ein einheitlicher Körper konstituieren kann, belebt von einer Seele, der Souveränität. Denken Sie an das Schema des Leviathans: als künstlicher Mensch ist der Leviathan nichts anderes als die Gerinnung einer bestimmten Anzahl unterschiedlicher Individualitäten, die durch ein Ensemble staatskonstituierender Elemente vereint sind. Doch im Herzen des Staates oder vielmehr in seinem Kopf existiert etwas, das ihn als solchen konstituiert, und dieses etwas ist die Souveränität, von der Hobbes sagt, daß genau sie die Seele des Leviathans sei. Anstatt nun diese Frage der zentralen Seele zu stellen meine ich, daß man versuchen müßte, die peripheren und vielfältigen Körper zu analysieren, d.h. die Körper, die von den Machtwirkungen als Subjekte konstituiert werden.

Dritte methodologische Vorkehrung: die Macht ist nicht als ein massives und homogenes Phänomen der Herrschaft eines Individuums über andere, einer Gruppe über andere, einer Klasse über die andere aufzufassen, sondern man muß erkennen, daß die Macht - wenn man sie nicht aus zu großer Entfernung betrachtet - nicht etwas ist, das sich unter denjenigen aufteilt, die über sie verfügen und sie ausschließlich besitzen, und denjenigen, die sie nicht haben und ihr ausgeliefert sind. Die Macht muß als etwas analysiert werden, das zirkuliert oder vielmehr als etwas, das nur in Art einer Kette funktioniert. Sie ist niemals hier oder dort lokalisiert, niemals in den Händen einiger weniger, sie wird niemals wie ein Gut oder wie Reichtum angeeignet. Die Macht funktioniert und wird ausgeübt über eine netzförmige Organisation. Und die Individuen zirkulieren nicht nur in ihren Maschen, sondern sind auch stets in einer Position, in der sie diese Macht zugleich erfahren und ausüben; sie sind niemals die unbewegliche und bewußte Zielscheibe dieser Macht, sie sind stets ihre Verbindungselemente. Mit anderen Worten: die Macht wird nicht auf die Individuen angewandt, sie geht durch sie hindurch.

Es gilt also nicht, das Individuum als eine Art elementaren Kern, primitives Atom, als vielfältige und träge Materie aufzufassen, auf die die Macht angewandt oder treffen würde, eine Macht, die die Individuen unterwerfen oder zerbrechen würde. Tatsächlich ist das, was bewirkt, daß ein Körper, daß Gesten, Diskurse, Wünsche als Individuen identifiziert und konstituiert werden, bereits eine erste Wirkung der Macht. Das Individuum ist also nicht das gegenüber der Macht; es ist, wie ich glaube, eine seiner ersten Wirkungen. Das Indiviuum ist eine Wirkung der Macht und gleichzeitig - oder genau insofern es eine ihrer Wirkungen ist - ihr verbindendes Element. Die Macht geht durch das Indiviuum, das sie konstituiert hat, hindurch.

Vierte Konsequenz in Bezug auf die methodologischen Vorkehrungen: Wenn ich sage, daß die Macht freigesetzt wird, zirkuliert, Netze bildet, dann stimmt dies nur bis zu einem gewissen Punkt. Genauso könnte man sagen, daß wir alle Faschismus im Kopf haben und mehr noch, daß wir alle Macht im Körper haben. Aber ich glaube nicht, daß man daraus schließen sollte, daß die Macht die am besten verteilte Sache der Welt ist, obwohl sie es in gewissem Sinne doch ist. Es geht nicht um eine Art demokratische oder anarchistische Verteilung der Macht auf die Körper. Wichtig ist also nicht, so meine ich - und dies wäre dann die vierte methodologische Vorkehrung - eine Art Deduktion der Macht vom Zentrum ausgehend zu vollziehen und herauszufinden zu suchen, bis wohin sie sich nach unten hin fortsetzt, in welchem Maße sie sich reproduziert, bis hin zu den molekularsten Elementen der Gesellschaft. Man muß vielmehr eine aufsteigende Analyse der Macht machen, d.h. von den unendlich kleinen Mechanismen ausgehen, die ihre Geschichte, ihren Ablauf, ihre Technik und Taktik haben und dann ergründen, wie diese Machtmechanismen von immer allgemeineren Machtmechanismen und von Formen globaler Herrschaft besetzt, kolonisiert, umgebogen, transformiert, verlagert, ausgedehnt usw. wurden und werden. Nicht die globale Herrschaft setzt sich fort und wirkt sich bis nach unten aus; ich glaube, daß die Art analysiert werden muß, in der die Erscheinungen, Techniken und Verfahren der Macht auf den untersten Ebenen wirksam sind, daß, sicher, gezeigt werden muß, wie diese Verfahren sich verlagern, ausweiten, verändern, doch vor allem, wie sie von globaleren Phänomenen besetzt und annektiert werden und wie allgemeinere Machtformen oder ökonomische Vorteile sich in das Spiel dieser zugleich relativ autonomen und unendlich kleinen Technologien der Macht einfügen können. Damit dies klarer wird, will ich ein Beispiel bringen, im Zusammenhang mit dem Wahnsinn. Die absteigende Analyse, der man meiner Meinung nach mißtrauen sollte, könnte die Aussage hervorbringen, daß die Bourgeoisie seit dem Ende des 16.-17. Jahrhunderts die herrschende Klasse geworden ist; wie kann man dann von dieser Annahme die Internierung der Irren ableiten? Die Deduktion ist immer möglich, sie ist leicht, und gerade das würde ich ihr vorwerfen; da gerade der Irre derjenige ist, der in der industriellen Produktion unnütz ist, ist es in der Tat leicht aufzuzeigen, warum man sich genötigt sah, sich seiner zu entledigen. Das Gleiche könnte man in Bezug auf die kindliche Sexualität tun, und einige - beispielsweise W. Reich - haben es im übrigen auch bis zu einem gewissen Punkt getan: wie kann man, ausgehend von der Herrschaft der bürgerlichen Klasse, die Unterdrückung der kindlichen Sexualität begreifen? Nun, sehr einfach: da der menschliche Körper ab dem 17.-18. Jahrhundert im wesentlichen zur Produktivkraft geworden war, wurden sämtliche Formen der Verschwendung, die nicht auf die Ausbildung der Produktivkräfte zurückzuführen und daher in ihrer Nutzlosigkeit in Erscheinung getreten waren, verbannt, ausgeschlossen, unterdrückt. Diese Deduktionen sind immer möglich, sie sind gleichzeitig wahr und falsch, vor allem aber sind sie zu leicht, denn kann man auch das genaue Gegenteil machen und be-

weisen, daß - gerade von der Tatsache ausgehend, daß die Bourgeoisie die herrschende Klasse geworden war - die Kontrollen der kindlichen Sexualität keineswegs wünschenswert waren. Im Gegenteil, nötig gewesen wären sexuelle Anleitungen, sexuelle Frühreife, da es nämlich im Grunde darum ging, eine Arbeitskraft zu rekonstituieren, deren optimaler Status, wie wir sehr wohl wissen, zumindest zu Beginn des 19. Jahrhunderts darin bestand, unbegrenzt zu sein: je mehr Arbeitskräfte es gegeben hätte, umso mehr und umso besser hätte das System der kapitalistischen Produktion funktionieren können.
Ich glaube, daß sich vom allgemeinen Phänomen der Herrschaft der Bourgeoisie jedwede Sache ableiten läßt. Mir scheint, daß das Gegenteil getan werden muß, d.h. man muß herausfinden, wie historisch und von unten ausgehend die Kontrollmechanismen funktionieren konnten; was zum Beispiel den Ausschluß des Wahnsinns betrifft oder die Unterdrückung und das Verbot der Sexualität, so gilt es herauszufinden, wie auf der konkreten Ebene der Familie, der unmittelbaren Umgebung, der untersten Zellen oder Ebenen der Gesellschaft diese Unterdrückungs- oder Ausschlußphänomene ihre Werkzeuge und ihre eigene Logik hatten, wie sie einer gewissen Anzahl von Bedürfnissen entsprachen; man muß aufzeigen, welches die Träger waren, sie nicht in der Bourgeoisie ganz allgemein suchen, sondern sie konkret benennen (wie war die unmittelbare Umgebung beschaffen, wie die Familie, wer waren die Eltern, die Ärzte usw.) und herausfinden, wie diese Machtmechanismen zu einem bestimmten Zeitpunkt, in einer spezifischen Situation und aufgrund einer bestimmten Anzahl von Transformationen begannen, ökonomisch vorteilhaft und politisch nützlich zu werden. Ich glaube, daß man auf diese Weise leicht zeigen könnte, daß das, was die Bourgeoisie im Grunde

brauchte oder das, worin das System sein eigenes Interesse sah, nicht der Ausschluß der Irren oder die Überwachung und das Verbot der kindlichen Onanie war (noch einmal: das bürgerliche System kann sehr gut das Gegenteil verkraften), sondern vielmehr Technik und Verfahren selbst des Ausschlusses. Die Ausschlußmechanismen, die Überwachungsapparate, die Medikalisierung der Sexualität, des Wahnsinns, der Delinquenz - diese ganze Mikromechanik der Macht war ab einem gewissen Zeitpunkt für die Bourgeoisie von Interesse. Besser noch könnten wir sagen, daß, insofern dieser Begriff der Bourgeoisie und des Bourgeoisieinteresses - zumindest für die Fragen, die wir uns jetzt stellen - wahrscheinlich ohne realen Inhalt ist, nicht die Bourgeoisie es war, die meinte, daß der Wahnsinn ausgeschlossen oder die Sexualität unterdrückt werden müsse; vielmehr haben die Ausschlußmechanismen des Wahnsinns und die Überwachungsmechanismen der kindlichen Sexualität ab einem bestimmten Zeitpunkt und aus Gründen, die noch zu untersuchen wären, einen ökonomischen Vorteil, einen politischen Nutzen deutlich werden lassen, was natürlich zur Folge hatte, daß sie in einem Zuge von globalen Mechanismen und vom gesamten System des Staates kolonisiert und getragen wurden; und wenn man diese Machttechniken in den Griff bekommt und aufzeigt, welche ökonomischen und politischen Vorteile sich in einem bestimmten Kontext und aus bestimmten Gründen daraus ergeben, kann man verstehen, wie diese Mechanismen schließlich tatsächlich zu einem Teil des Ganzen werden.

Mit anderen Worten, die Bourgeoisie schert sich nicht im Geringsten um die Irren, doch haben die Prozeduren des Ausschlusses der Wahnsinnigen seit dem 19. Jahrhundert auf der Grundlage bestimmter Transformationen einen politischen Vorteil, möglicherweise auch einen gewissen ökonomischen Nutzen, gezeitigt und freigesetzt, die das System stabilisierten und es innerhalb des Ganzen zum Funktionieren brachten. Die Bourgeoisie interessiert sich nicht für die Irren, sondern für die Macht, sie interessiert sich nicht für die kindliche Sexualität, sondern für das Machtsystem, das diese kontrolliert; die Bourgeoisie schert sich nicht im Geringsten um die Delinquenten, um ihre Bestrafung oder Wiedereingliederung, die vom ökonomischen Standpunkt aus nicht sehr bedeutend ist, sondern interessiert sich für das Ensemble der Mechanismen, mit denen der Delinquent kontrolliert, verfolgt, bestraft und umgeformt usw. wird.

Fünfte methodologische Vorkehrung: es ist sehr wohl möglich, daß die großen Machtmaschinerien mit ideologischen Produktionen einhergingen; so gab es wahrscheinlich zum Beispiel eine Ideologie der Erziehung, eine Ideologie der monarchistischen Macht, eine Ideologie der parlamentarischen Demokratie usw., aber ich glaube nicht, daß das, was an der Basis entsteht, Ideologien sind: es ist zugleich sehr viel weniger und sehr viel mehr. Es sind konkrete Instrumente der Herausbildung und Akkumulation von Wissen, es sind Beobachtungsmethoden, Registriertechniken, Untersuchungs- und Forschungsverfahren, Kontrollapparate. All dies bedeutet, daß die Macht über diese subtilen Mechanismen nur dann ausgeübt werden kann, wenn sie ein Wissen oder vielmehr Wissensapparate entwickelt, organisiert und in Umlauf setzt, die keine ideologischen Gebäude sind.
Als Zusammenfassung dieser fünf methodologischen Vorkehrungen würde ich sagen: anstatt die Analyse der Macht auf das Rechtsgebäude der Souveränität, auf die Apparate des Staates und die mit ihm verbundenen Ideologien auszurichten, muß man sie auf

die Herrschaft ausrichten, auf die materiellen Träger, auf die Formen der Unterwerfung, auf die Verflechtungen und Verwendungen der lokalen Systeme dieser Unterwerfung, auf die Strategiedispositive. Man muß die Macht außerhalb des Modells des Leviathans untersuchen, außerhalb des von der rechtlichen Souveränität und der Institution des Staates begrenzten Bereichs. Es gilt, sie ausgehend von den Herrschaftstechniken und -taktiken zu analysieren.

Das wäre in groben Umrissen die methodologische Linie, der zu folgen ist und der ich in den verschiedenen Forschungen zu folgen versucht habe, die wir in den vergangenen Jahren im Zusammenhang mit der Macht der Psychiatrie, der kindlichen Sexualität, den politischen Systemen usw. durchgeführt haben. Und beim Durchstreifen dieser Bereiche und auf der Grundlage dieser methodologischen Vorkehrungen tritt nun, so glaube ich, eine Tatsache gewaltigen historischen Ausmaßes in Erscheinung, die uns endlich in die Probleme einführt, von denen ich in diesem Jahr sprechen möchte.

Diese gewaltige historische Tatsache ist die rechtlich-politische Theorie der Souveränität, von der ich soeben gesprochen habe. Diese hatte vier Funktionen: zunächst einmal bezog sie sich auf einen Mechanismus effektiver Macht, nämlich die Macht der feudalen Monarchie. Zweitens hat sie der Konstituierung der großen administrativen Monarchien sowohl als Instrument als auch als Rechtfertigung gedient. Darüberhinaus war die Theorie der Souveränität ab dem 16. und insbesondere ab dem 17. Jahrhundert, aber schon zur Zeit der Religionskriege, eine Waffe, die sowohl im einen als auch im anderen Lager zirkulierte, die sowohl in der einen als auch in der anderen Richtung verwendet wurde, um entweder die reale Macht einzuschränken oder um sie zu stärken: wir finden sie bei den monarchistischen Katholiken genauso wie bei den antimonarchistischen

Protestanten, bei den monarchistischen und mehr oder weniger liberalen Protestanten und bei den Katholiken, die für den Königsmord oder die Ablösung der Dynastie eintraten; sie funktioniert in den Händen der Aristokraten ebenso wie in den Händen der Parlamentarier, bei den Vertretern der realen Macht ebenso wie bei den letzten Feudalherren. In wenigen Worten, sie war das große Instrument des politischen und theoretischen Kampfes, der im 16. und 17. Jahrhundert um die Machtsysteme geführt wurde. Und schließlich ist es wiederum die Theorie der Souveränität, die wir, vom Römischen Recht zu neuem Leben erweckt, im 18. Jahrhundert in groben Zügen bei Rousseau und seinen Zeitgenossen vorfinden, und hier hat sie ihre vierte Funktion: jetzt geht es darum, den administrativen, autoritären oder absolutistischen Monarchien ein alternatives Modell entgegenzusetzen, nämlich das der parlamentarischen Demokratien. Und genau diese Rolle spielt sie noch zur Zeit der Revolution.

Ich glaube nun, daß uns eines klar wird, wenn wir uns diese vier Funktionen vor Augen halten: solange die feudale Gesellschaft andauerte, erfaßten die Probleme, auf die sich die Theorie der Souveränität bezog, tatsächlich den allgemeinen Mechanismus der Macht, die Art, in der sie bis hin zu den untersten Ebenen der Gesellschaft, ausgehend von den höchsten ausgeübt wurde. Mit anderen Worten: das Souveränitätsverhältnis - mag man es nun im weiten oder im engen Sinne auffassen - bedeckte die Totalität des sozialen Körpers. Tatsächlich konnte die Art, in der die Macht ausgeübt wurde - zumindest im wesentlichen -, im Verhältnis Souverän-Untertan ausgedrückt werden. Im 17.-18. Jahrhundert jedoch trat ein bedeutendes Phänomen auf: die Erscheinung oder besser Erfindung eines neuen Machtmechanismus mit ganz besonderen Verfahren, völlig neuen Instrumenten und ganz anderen Apparaten, der, so glaube ich, mit dem Souveränitätsverhältnis völlig unvereinbar ist.

Dieser neue Machtmechanismus stützt sich mehr auf die Körper und das, was sie tun, als auf die Erde und ihre Produkte. Es ist ein Mechanismus, der aus den Körpern, mehr als Güter und Reichtum, Zeit und Arbeit herauszuholen vermag. Ein Machttyp, der kontinuierlich mittels Überwachung ausgeübt wird und nicht diskontinuierlich über Steuersysteme und zeitlich abgestufte Verpflichtungen; ein Machttyp, der ein enges Raster (quadrillage) materieller Zwänge voraussetzt und nicht so sehr die physische Existenz eines Souveräns und letztlich auf dem Prinzip beruht, daß er eine wirkliche und tatsächliche neue Ökonomie der Macht ist, dergestalt, daß man die unterworfenen Kräfte und die Kraft und Effizienz dessen, der sie unterwirft, zu gleicher Zeit größer werden lassen können muß.
Dieser Machttyp steht Punkt für Punkt im Widerspruch zum Machtmechanismus, den die Theorie der Souveränität beschrieb oder auszudrücken versuchte. Letztere ist mit einer Form der Macht verbunden, die sehr viel mehr auf die Erde und ihre Produkte ausgeübt wird, als auf die Körper und das, was sie tun. Die Theorie der Souveränität bezieht sich auf die Veränderung und Aneignung seitens der Macht nicht von Zeit und Arbeit, sondern von Gütern und Reichtum. Sie ermöglicht es, diskontinuierliche und zeitlich abgestufte Verpflichtungen in rechtliche Kategorien umzusetzen: sie ermöglicht nicht die Kodifizierung einer kontinuierlichen Überwachung. Sie ermöglicht, die Macht auf die physische Existenz des Souveräns zu gründen, nicht jedoch auf kontinuierliche und permanente Überwachungssysteme. Die Theorie der Souveränität vermag eine absolute Macht in der absoluten Verschwendung der Macht zu begründen, nicht jedoch die Macht mit einem Minimum

an Verschwendung und einem Maximum an Effizienz zu kalkulieren.
Dieser neue Machttyp, der nicht mehr mit der Kategorie der Souveränität erfaßt werden kann, ist, so glaube ich, eine der großen Erfindungen der bürgerlichen Gesellschaft. Er war ein grundlegendes Instrument bei der Entstehung des Industriekapitalismus und des mit ihm verbundenen Gesellschaftstyps; und diese nicht souveräne, mit der Form der Souveränität nicht verwandte Macht ist die Disziplinarmacht. Diese Disziplinarmacht, die nicht in den Kategorien der Theorie der Souveränität beschrieben werden kann und von Grund auf heterogen ist, hätte normalerweise zum Verschwinden des großen Rechtsgebäudes dieser Theorie führen müssen. In Wirklichkeit hat jedoch die Theorie der Souveränität nicht nur als Ideologie des Rechts weiterexistiert, sondern auch weiterhin die Gesetzbücher geprägt, die Europa sich im 19. Jahrhundert ausgehend vom Code Napoléon gegeben hat.
Und warum konnte die Theorie der Souveränität als Ideologie und gestalterisches Prinzip der großen Gesetzbücher weiterbestehen? Ich glaube, daß es zwei Gründe dafür gibt. Einerseits war sie im 18. und noch im 19. Jahrhundert ein ständiges Instrument der Kritik gegen die Monarchie und gegen sämtliche Hindernisse, die sich der Entwicklung der Disziplinargesellschaft entgegenstellen konnten. Auf der anderen Seite jedoch war es auch durch die Theorie der Souveränität, durch die Gestaltung eines auf ihr beruhenden Gesetzbuches, möglich, den Mechanismen der Disziplin ein Rechtssystem überzuordnen, das deren Verfahrensweisen und etwaigen Herrschaftstechniken verschleierte und einem jeden mittels der Souveränität des Staates die Ausübung seiner eigenen souveränen Rechte garantierte. D.h. die Rechtssysteme - ganz gleich ob Theorie oder Ge-

setzbücher - ermöglichten durch die Konstituierung eines öffentlichen, auf der kollektiven Souveränität gründenden Rechts eine Demokratisierung der Souveränität, während gleichzeitig diese Demokratisierung der Souveränität von Grund auf von den Mechanismen des Disziplinarzwanges bestimmt wurde.

Genauer ausgedrückt könnte man sagen: sobald die Disziplinarzwänge als Herrschaftsmechanismen ausgeübt, gleichzeitig jedoch als tatsächliche Machtausübung vertuscht werden sollten, war es nötig, daß die Theorie der Souveränität im rechtlichen Apparat präsent war und von den Gesetzbüchern wiederbelebt wurde. In den modernen Gesellschaften haben wir also seit dem 19. Jahrhundert und bis heute auf der einen Seite eine Gesetzgebung, einen Diskurs, eine Gestaltung des öffentlichen Rechts, die um das Prinzip des sozialen Körpers und der Delegierung seitens jedes einzelnen aufgebaut sind und auf der anderen Seite ein enges Raster von Disziplinarzwängen, das den Zusammenhalt eben dieses sozialen Körpers in tatsächlicher Hinsicht gewährleistet. Nun aber kann dieses Raster keinesfalls innerhalb dieses Rechts umgesetzt werden, obwohl dieses zwangsläufig mit ihm verbunden ist. Ein Recht der Souveränität und ein Mechanismus der Disziplin: ich glaube, daß sich die Ausübung der Macht zwischen diesen beiden Grenzen vollzieht. Doch sind diese beiden Grenzen so heterogen, daß sich die eine niemals auf die andere reduzieren kann. In den modernen Gesellschaften wird die Macht über, ausgehend vom und im Spiel selbst dieser Heterogenität zwischen einem öffentlichen Recht der Souveränität und einem vielförmigen Mechanismus der Disziplin ausgeübt. Was nicht bedeutet, daß es auf der einen Seite ein gelehrtes und explizites Recht gibt, das das der Souveränität wäre, und auf der anderen Seite die dunklen und

stummen Disziplinen, die in der Tiefe und im Schatten tätig wären und das Fundament des großen Machtmechanismus bilden. In Wirklichkeit haben die Disziplinen ihren eigenen Diskurs. Sie schaffen - aus Gründen, die ich Ihnen zuvor genannt habe - Wissensapparate und Apparate vielfältiger Erkenntnisbereiche. Sie sind außerordentlich erfinderisch innerhalb der Ordnung dieser Wissen und Erkenntnisse erzeugenden Apparate. Die Disziplinen sind Träger eines Diskurses, der jedoch nicht der des Rechts sein kann; der Diskurs der Disziplin hat nichts mit dem des Gesetzes, der Rechtsregel als Ergebnis eines souveränen Willens gemein. Die Disziplinen werden Träger eines Diskurses sein, der ein Diskurs der Regel sein wird, allerdings nicht der von der Souveränität abgeleiteten Rechtsregel, sondern der natürlichen Regel, d.h. der Norm. Sie werden einen Kodex definieren, der nicht ein Kodex des Gesetzes sein wird, sondern ein Kodex der Normalisierung; sie werden sich auf einen theoretischen Horizont beziehen, der zwangsläufig nicht vom Rechtsgebäude gebildet wird, sondern vom Bereich der Humanwissenschaften, und ihre Rechtssprechung wird die eines klinischen Wissens sein.
Um es kurz zu sagen: was ich im Verlauf der letzten Jahre zu zeigen versucht habe, ist nicht, wie der ungewisse, schwierige, verwickelte Bereich des menschlichen Verhaltens allmählich auf dem Vormarsch der exakten Wissenschaften der Wissenschaft angegliedert wurde: die Humanwissenschaften haben sich nicht schrittweise durch einen Fortschritt in der Rationalität der exakten Wissenschaften konstituiert. Ich glaube, daß der Prozeß, der den Diskurs der Humanwissenschaften ganz grundlegend ermöglichte, die Aneinanderreihung, das Zusammentreffen zweier Linien, zweier Mechanismen und zweier völlig heterogener Diskurstypen ist: einerseits die Organisation des Rechts ausgehend von

der Souveränität und andererseits der Mechanismus der von den Disziplinen ausgeübten Zwänge. Und daß in unseren Tagen die Macht gleichzeitig über dieses Recht und diese Techniken ausgeübt wird, daß diese Techniken und diese aus den Disziplinen entstandenen Diskurse in das Recht eindringen, daß die Verfahren der Normalisierung die Verfahren des Gesetzes immer mehr kolonisieren, vermag, so glaube ich, das globale Funktionieren dessen zu erklären, was ich als Gesellschaft der Normalisierung bezeichnen möchte. Genauer gesagt: ich meine, daß die Normalisierungen durch die Disziplin immer mehr mit den Rechtssystemen der Souveränität kollidieren: je deutlicher die Unvereinbarkeit beider in Erscheinung tritt, umso notwendiger wird eine Art schlichtender Diskurs, ein Macht- und Wissenstyp, den die wissenschaftliche Sakralisierung neutral machen würde. Gerade in der Ausweitung der Medizin sehen wir, daß sich der Mechanismus der Disziplinen und das Prinzip des Rechts, ich will nicht sagen verbinden, aber doch ständig austauschen oder miteinander kollidieren. Die Weiterentwicklung der Medizin, die generelle Medikalisierung des Verhaltens, der Haltungen, Diskurse, Wünsche usw. gehen an der Front vor sich, an der die beiden heterogenen Ebenen der Disziplin und der Souveränität aufeinandertreffen. Daher befinden wir uns heute angesichts der Übergriffe des Disziplinarmechanismus, angesichts des Aufstiegs einer mit szientistischem Wissen verbundenen Macht in einer Situation, in der die einzig scheinbar sichere Zuflucht, die uns bleibt, die Zuflucht oder Rückkehr zu einem Recht ist, das um die Souveränität herum zentriert ist und auf diesem alten Prinzip aufbaut. Und will man den Disziplinen und sämtlichen Macht- und Wissenswirkungen, die mit ihnen verbunden sind, etwas entgegensetzen, was tut man dann konkret, was tun die Richtergewerkschaft oder vergleichbare Institutionen anderes, als sich auf genau dieses Recht zu berufen, dieses berühmte, formale, sogenannte Bürgerliche Recht, das in Wirklichkeit das Recht der Souveränität ist? Aber ich glaube, wir befinden uns hier in einer Art Sackgasse: die Wirkungen der Disziplinarmacht können nicht dadurch eingeschränkt werden, indem man die Souveränität zuhilfe nimmt und sie gegen die Disziplin wendet, da Souveränität und Disziplin, Recht der Souveränität und Disziplinarmechanismen zwei absolut konstitutive Bestandteile der allgemeinen Machtmechanismen in unserer Gesellschaft sind.

Um also bei der Suche nach einer nicht disziplinären Macht oder vielmehr um im Kampf gegen die Disziplinarmacht gegen die Disziplinen vorgehen zu können, dürfte man nicht die Richtung des alten Rechts der Souveränität einschlagen, sondern müßte auf ein neues Recht zugehen, das nicht nur von den Disziplinen, sondern zugleich auch vom Prinzip der Souveränität befreit wäre. Und hier stoßen wir wieder auf den Begriff der Unterdrückung, dessen Gebrauch meines Erachtens doppelt nachteilig ist: auf der einen Seite bezieht er sich dunkel auf eine bestimmte Theorie der Souveränität, einer Souveränität der souveränen Rechte des Individuums, auf der anderen Seite bringt er in seinem Gebrauch ein System psychologischer Bezüge ins Spiel, die den Humanwissenschaften, d.h. den zum Disziplinarbereich gehörenden Diskursen und Praktiken entlehnt sind. Ich glaube, daß der Begriff der Unterdrückung immer noch ein juristisch-disziplinärer Begriff ist, wie kritisch man ihn auch verwenden mag. Und in diesem Sinne, nämlich aufgrund des zweifachen, rechtlichen und disziplinären Bezugs des Begriffs der Unterdrückung zu Souveränität und Normalisierung ist seine Verwendung als Schlüssel der Kritik verfälscht, ja zunichte gemacht.

Aus dem Italienische von Elke Wehr

DAS ABENDLAND UND DIE WAHRHEIT DES SEXES

Ein namenloser Engländer hat gegen Ende des 19. Jahrhunderts ein ungeheures Werk verfaßt, das in nicht mehr als zehn Exemplaren gedruckt wurde; es kam nie zum Verkauf und landete am Ende bei einigen Sammlern oder in seltsamen Bibliotheken. Eines der unbekanntesten Bücher, es heißt "My Secret Life". Der Autor erzählt darin haarklein ein Leben, das er im wesentlichen der sexuellen Lust gewidmet hatte. Abend für Abend, Tag für Tag erzählt er bis in die geringsten Einzelheiten, ohne Angeberei, ohne große Worte, in der einzigen Sorge, zu sagen, was passiert ist, wie es passiert ist, mit welcher Intensität und mit welcher Gefühlsqualität.

Wirklich seine einzige Sorge? Schon möglich. Denn häufig redet er von dieser Aufgabe, täglich über seine Lust zu schreiben, wie von einer bloßen Pflicht. So als handelte es sich um eine geheime, ein wenig rätselhafte Auflage, der er sich nicht entziehen kann: man muß alles sagen. Und doch gibt es da noch etwas anderes: für diesen eigensinnigen Engländer geht es darum, in diesem Arbeits-Spiel eine überaus dichte Verbindung der Lust, des wahren Diskurses über die Lust und der Lust daran, diese Wahrheit auszusprechen, zu schaffen; es geht darum, dieses Tagebuch - ob er es nun mit lauter Stimme liest oder gemessen niederschreibt - für die Entwicklung neuer sexueller Erfahrungen zu benutzen, nach den Regeln gewisser befremdender Lüste, in denen "Lesen und Schreiben" eine spezifische Rolle spielen.

Stephen Marcus* hat diesem dunklen Zeitgenossen der Königin Viktoria einige bemerkenswerte Seiten gewidmet. Ich neige nun meinerseits nicht so sehr dazu, in ihm eine Gestalt im Schatten, auf der "Gegenseite" eines Zeitalters der Schamhaftigkeit zu sehen. Ist er wirklich die diskrete und grinsende Rache an der Prüderie der Epoche? Mir scheint er vor allem an einem Punkt zu stehen, an dem drei Entwicklungslinien in unserer Gesellschaft zusammenlaufen, die alles andere als geheim sind. Die jüngste von ihnen ist diejenige, die die Medizin und die Psychiatrie der Epoche dazu brachte, sich mit dem Eifer des Insektensammlers auf die sexuellen Praktiken, ihre Varianten und ihre ganze Verschiedenartigkeit zu stürzen: Krafft-Ebing** ist nicht fern. Die zweite, etwas ältere ist die, die seit Rétif und Sade die erotische Literatur dahin geführt hat, ihre Effekte nicht mehr nur in der Heftigkeit oder Ausgefallenheit der Szenen, die sie ersann, zu suchen, sondern in der leidenschaftlichen Erforschung einer bestimmten Wahrheit der Lust: eine Erotik der Wahrheit, eine Verbindung von Wahrheit und Intensität sind bezeichnend für diese neue "Libertinage", die am Ende des 19. Jahrhunderts auftritt. Die dritte Linie ist die älteste; sie hat seit dem Mittelalter das ganze christliche Abendland durchzogen: das strenge Gebot an einen jeden, durch Beichte und Gewissensprüfung auf dem Grunde seines Herzens die kaum wahrnehmbaren Spuren der Begehrlichkeit aufzuspüren. Man lasse sich nicht täuschen von der Quasi-Heimlichkeit von

*Historiker, Autor von "The other Victorians", einem Werk über die verborgene Seite der puritanischen englischen Gesellschaft. (A. d. Ü.)

**Deutscher Sexualwissenschaftler, Autor von "Psychopathia sexualis" (1882). (A. d. Ü.)

"My Secret Life": die Verbindung des wahren Diskurses zur sexuellen Lust ist eine der beständigsten Sorgen der abendländischen Gesellschaften gewesen. Und das seit Jahrhunderten.

* * *

Was hat man nicht alles über diese bürgerliche, verlogene, schamhafte Gesellschaft gesagt, die mit ihren Lüsten geizt und sie um keinen Preis anerkennen noch beim Namen nennen will. Was hat man nicht über jenes schwerste Erbe gesagt, das sie vom Christentum übernommen hat - den Sünden-Sex. Und über die Art und Weise, wie das 19. Jahrhundert dieses Erbe zu ökonomischen Zwecken gebraucht hat: Arbeit statt Lust, Reproduktion der Kräfte statt purer Verausgabung von Energien.

Und wenn das nun nicht das Wesentliche wäre? Wenn es im Innern der "Politik des Sexes" ganz andere Räderwerke gäbe? Nicht die der Verwerfung und Verdunkelung, sondern solche der Anreizung? Wenn die wesentliche Funktion der Macht nicht darin bestünde, Nein zu sagen, zu untersagen und zu zensieren, sondern darin, in einer endlosen Spirale den Zwang, die Lust und die Wahrheit aneinanderzubinden?

Die Pflicht zum Geständnis

Denken wir nur an den Eifer, mit dem unsere Gesellschaften seit mehreren Jahrhunderten mittlerweile all die Institutionen vermehrt haben, die dazu bestimmt sind, die Wahrheit des Sexes zu erpressen, und die damit selbst eine spezifische Lust produzieren. Denken wir an die maßlose Pflicht, zum Geständnis und an all die zwiespältigen Lüste, die es gleichzeitig durchkreuzen und wünschbar machen :

Beichte, Erziehung, Beziehungen zwischen Eltern und Kindern, Ärzten und Kranken, Psychiatern und Hysterischen, Psychoanalytikern und Patienten. Man sagt häufig, das Abendland sei unfähig gewesen, auch nur eine einzige neue Lust zu erfinden. Hält man denn die Wollust, mit der man herumschnüffelt, aufstöbert, interpretiert, hält man diese "Lust an der Analyse" (im weitesten Sinne) etwa für nichts?

Eher als eine der Repression des Sexes gewidmete Gesellschaft würde ich die unsere als eine seinem "Ausdruck" gewidmete sehen. Man verzeihe mir dieses abgewertete Wort. Ich würde das Abendland als hartnäckig bemüht sehen, die Wahrheit des Sexes ans Licht zu zerren. Das Verschweigen, die Sperren, die Fortnahmen dürfen nicht unterschätzt werden; aber sie konnten sich nur bilden, konnten ihre furchtbaren Wirkungen nur vor dem Hintergrund eines Willens zum Wissen produzieren, der unsere gesamte Beziehung zum Sex durchzieht. Ein derart gebieterischer Wille zum Wissen, von dem wir so gefesselt sind, daß wir bereits nicht mehr bloß die Wahrheit des Sexes suchen, sondern von ihm unsere eigene Wahrheit verlangen. Er soll uns sagen, was mit uns los ist. Von Gerson bis Freud erstellt sich eine ganze Logik des Sexes, die die Wissenschaft vom Subjekt organisiert hat.

Wir bilden uns gern ein, wir gehörten zu einem "viktorianischen" Regime. Mir scheint es, daß unser Königreich eher jenes ist, das Diderot sich in den "Indiskreten Kleinoden" ausgedacht hat: ein bestimmter kaum sichtbarer Mechanismus bringt den Sex mit fast unerschöpflicher Geschwätzigkeit zum Sprechen. Wir leben in einer Gesellschaft des sprechenden Sexes.

Ebenso muß man vielleicht eine Gesellschaft über die Art und Weise befragen, nach der sich in ihr die Beziehungen der Macht, der Wahrheit und des Wissens herstellen. Wie mir scheint, lassen sich hier zwei wesentliche Verfahrensweisen unterscheiden. Die eine ist die der <u>ars erotica</u>. Hier wird die Wahrheit aus der Lust selber gezogen, als Erfahrung gesammelt, auf ihre Qualität hin analysiert und in ihren Ausstrahlungen im Körper und in der Seele verfolgt, und dieses kunstvolle Wissen wird unter dem Siegel des Geheimnisses in der Initiation durch einen Meister an jene übertragen, die sich seiner würdig erwiesen haben und die es nun wieder in ihre Lust einströmen lassen, um sie intensiver, stärker, vollkommener zu machen.

Die abendländische Zivilisation kennt seit Jahrhunderten jedenfalls keine <u>ars erotica</u>; sie hat die Beziehungen der Macht, der Lust und der Wahrheit in anderer Art verknüpft: in der einer "Wissenschaft vom Sex". Ein Wissenstyp, wo das Analysierte weniger die Lust als vielmehr das Verlangen ist; wo der Meister nicht die Aufgabe hat zu initiieren, sondern zu befragen, zuzuhören, zu entziffern; wo der lange Prozeß nicht eine Vermehrung der Lüste zum Ziel hat, sondern eine Veränderung des Subjekts (das hierdurch Verzeihung oder Versöhnung, Heilung oder Befreiung findet).

Die Strategien aufzeigen

Zu zahlreich sind die Beziehungen zwischen jener Kunst und dieser Wissenschaft, um hier eine Trennungslinie zwischen zwei Gesellschaftstypen ziehen zu können. Ob es sich um die Gewissensführung oder um die psychoanalytische Kur handelt, stets bringt das Wissen vom Sex gewisse Gebote der Geheimhaltung, eine bestimmte Beziehung zum Lehrmeister und eine ganze Fülle von Versprechungen mit sich, die es wieder in Verwandtschaft zur ars erotica bringen. Glaubt man denn, daß ohne diese unklaren Beziehungen manche Leute so teuer das Recht erkaufen würden, zweimal die Woche mühsam die Wahrheit ihres Verlangens zu formulieren und geduldig den Segen der Interpretation abzuwarten?

Meine Absicht ist es, eine Genealogie dieser "Wissenschaft vom Sex" zu machen. Kein sonderlich neuartiges Unternehmen, ich weiß: viele sind heute damit beschäftigt, zu zeigen, wieviele Verweigerungen, Verdunkelungen, Ängste, systematische Verkennungen lange Zeit ein mögliches Wissen vom Sex gegängelt haben. Ich möchte allerdings diese Genealogie in positiven Begriffen angehen, ausgehend von den Anreizungen, den Brennpunkten, Techniken und Verfahren, die die Bildung dieses Wissens erlaubt haben; ich möchte, vom christlichen Problem des Fleisches angefangen, all die Mechanismen verfolgen, die einen Wahrheitsdiskurs über den Sex eingeführt und ein gemischtes Regime von Lust und Macht um ihn errichtet haben. Angesichts der Unmöglichkeit, diese Genese umfassend zu verfolgen, werde ich versuchen, in Einzelstudien einige ihrer wichtigsten Strategien aufzuzeigen: gegenüber den Kindern, gegenüber den Frauen, gegenüber den Perversionen und gegenüber der Geburtenregelung.

Die traditionell gestellte Frage lautet: Warum hat das Abendland den Sex so lange Zeit schuldiggesprochen, und wie ist man gegen diese Verweigerung und Angst endlich dahin gekommen, ihm, und sei es durch noch so viele Auslassungen hindurch, die Frage nach der Wahrheit zu stellen? Warum und unter welchen Umständen hat man sich seit dem Ende des 19. Jahrhunderts darangewagt, einen Teil des großen Geheimnisses an den Tag zu bringen, und auch das nur unter Schwierigkeiten, von denen der Mut Freuds immer noch Zeugnis ablegt?

Ein neues Schuldbewußtsein

Ich möchte die Farge ganz anders ansetzen: Warum hat das Abendland so unablässig nach der Wahrheit des Sexes gefragt und von jedem Einzelnen gefordert, daß er sie für sich formuliere? Warum hat es mit solcher Versessenheit darauf bestanden, daß unsere Beziehung zu uns selbst über diese Wahrheit zu laufen hat? Sodann muß man sich darüber wundern, daß wir seit Beginn des 20. Jahrhunderts von einem großen und neuartigen Schuldbewußtsein befallen sind, daß wir seither so etwas wie einen historischen Gewissensbiß empfinden, der uns glauben läßt, wir hätten uns gegen unseren Sex versündigt.

Mir scheint, daß in dieser neuen Schuldigsprechung, nach der wir so zu lüstern scheinen, etwas systematisch verkannt wird, und zwar eben diese große Wissenskonfiguration, die das Abendland unaufhörlich mit Hilfe von religiösen, medizinischen und sozialen Techniken um den Sex herum errichtet hat.

Ich gehe davon aus, daß man mir diesen Punkt zugestehen wird. Aber man wird mir sofort sagen: "Dieses ganze Getöse um den Sex, diese ständige Sorge, das hat doch, wenigstens bis zum 19. Jahrhundert, nur ein Ziel gehabt: die freie Ausübung des Sexes zu untersagen." Freilich, die Rolle der Verbote ist bedeutend gewesen. Aber wird der Sex zuerst und vor allem verboten? Oder sind die Verbote etwa nur Fallen, die eine komplexe und positive Strategie stellt?

Hier stoßen wir auf ein allgemeineres Problem, das als Kontrapunkt zu dieser Geschichte der Sexualität behandelt werden muß, das Problem der Macht. Spricht man von der Macht, so begreift man sie meist auf ziemlich spontane Weise als Gesetz, als Verbot, als Absperrung und Unterdrückung, und hat sich damit selbst der Waffen beraubt, ihre positiven Mechanismen und Wirkungen zu verfolgen. Ein bestimmtes juristisches Modell lastet auf den Analysen der Macht und läßt sie die Form des Gesetzes mit einem absoluten Privileg versehen. Es gilt, eine Geschichte der Sexualität zu schreiben, die nicht mehr von der Vorstellung einer Repressions-Macht, einer Zensur-Macht geleitet wird, sondern von der einer Anreizungs-Macht, einer Wissens-Macht; man muß versuchen, das Regime von Zwang, Lust und Diskurs freizulegen, das jenen komplexen Bereich der Sexualität nicht versperrt, sondern begründet.

Meinem Wunsch nach soll diese fragmentarische Geschichte der "Wissenschaft vom Sex" gleichzeitig den Entwurf einer Analytik der Macht liefern.

Aus dem Französischen von Ulrich Raulf

DIE MACHTVERHÄLTNISSE DURCHZIEHEN DAS KÖRPERINNERE
Ein Gespräch mit Lucette Finas

L. FINAS: Michel Foucault, mir scheint, der erste Band Ihrer Geschichte der Sexualität, "Der Wille zum Wissen", ein umwälzender, ein umwerfender Text zu sein. Ihre entscheidende These, so unerwartet und auf den ersten Blick einfach sie ist, erweist sich nach und nach als sehr komplex. Zusammenfassend könnte man sagen, das Verhältnis der Macht zum Sex ist nicht das der Repression, im Gegenteil. Zunächst aber wollen wir auf Ihre Inauguralvorlesung am Collège de France vom Dezember 1970 zurückkommen. Sie analysieren dort die Verfahrensweisen, die die Produktion des Diskurses kontrollieren, nämlich das Verbot, dann die alte Trennung Vernunft-Wahnsinn, schließlich den Willen zur Wahrheit. Könnten Sie uns die Zusammenhänge zwischen dem "Willen zum Wissen" und der "Ordnung des Diskurses" erläutern und uns sagen, ob sich Wille zum Wissen und Wille zur Wahrheit in Ihrer Argumentation durchgängig decken?

M. FOUCAULT: Ich glaube, daß ich in jener "Ordnung des Diskurses" zwei Konzeptionen vermischt habe oder vielmehr auf eine Frage, die mir legitim scheint (die Verknüpfung der Diskurstatsachen mit den Machtverhältnissen), eine inadäquate Antwort vorgeschlagen habe. Es ist ein Text, den ich in einer Übergangssituation geschrieben habe. Bis dahin, scheint mir, akzeptierte ich die traditonelle Konzeption der Macht als eines im wesentlichen juridischen Mechanismus, als das, was das Gesetz sagt, was untersagt, was nein sagt, mit einer ganzen Litanei negativer Wirkungen: Ausschließung, Verwerfung, Versperrung, Verneinungen, Verschleierungen usw. Diese Konzeption halte ich heute für inadäquat. Sie hatte mir indessen in "Wahnsinn und Gesellschaft" genügt (was nicht heißt, daß dieses Buch an sich zureichend oder genügend ist), denn der Wahnsinn ist ein Sonderfall: während des klassischen Zeitalters ist die Macht zweifellos gegen den Wahnsinn überwiegend mit Ausschließung vorgegangen; man erlebt damals eine große Abwehrreaktion, die den Wahnsinn betraf. So daß ich bei der Analyse dieser Tatsache ohne allzuviel Probleme eine rein negative Konzeption der Macht habe benutzen können. Von einem bestimmten Augenblick an schien mir das ungenügend, und zwar im Laufe einer konkreten Erfahrung, die ich anläßlich der Gefängnisrevolten ab 1971/72 habe machen können. Der Fall der Strafjustiz hat mich überzeugt, daß es nicht so sehr um Rechtsformen sondern um Technologieformen, um solche von Taktik und Strategie, geht, und die Ersetzung eines juridischen und negativen Rasters durch ein technisches und strategisches habe ich in "Überwachen und Strafen" zu bewerkstelligen versucht, um es dann in "Sexualität und Wahrheit" zu benutzen. So daß ich all das, was in der "Ordnung des Diskurses" die Verhältnisse der Macht zum Diskurs als negative Mechanismen von Verknappung dargestellt hat, sehr gern über Bord werfen würde.

L. FINAS: Der Leser, der sich an "Wahnsinn und Gesellschaft" erinnert, bewahrt das Bild des großen barocken Wahnsinns, der eingeschlossen und zum Schweigen gebracht ist. In ganz Europa baut man jetzt in der Mitte des 17. Jahrhunderts Anstalten. Heißt das, daß die neuere Geschichte, die dem Wahnsinn Schweigen geboten hat, dem Sex die Zunge gelöst hat? Oder aber hat ein und dieselbe Unruhe - Sorge um den Wahnsinn, Sorge um den Sex - auf der doppelten Ebene des Diskurses und der Tatsachen für den einen und den anderen zu entgegengesetzten Resultaten geführt und warum?

M. FOUCAULT: Ich glaube tatsächlich, daß es zwischen dem Wahnsinn und der Sexualität eine Reihe historischer Beziehungen gibt, die wichtig sind und die ich sicher nicht bemerkt hatte, als ich "Wahnsinn und Gesellschaft" schrieb. Zu jener Zeit hatte ich mir vorgenommen, zwei parallele Geschichten zu schreiben: einerseits die Geschichte der Ausschließung des Wahns und der Trennungen, die sich von da aus vollzogen haben; andererseits eine Geschichte der Grenzziehungen, die sich auf dem Feld der Sexualität vollzogen haben (erlaubte und verbotene Sexualität, normale und anormale Sexualität, die der Frauen und die der Männer, die der Erwachsenen und die der Kinder); ich dachte an eine ganze Reihe von binären Trennungen, die auf ihre Weise die große Trennung "Vernunft-Unvernunft" unter die Leute gebracht hat, die ich in "Wahnsinn und Gesellschaft" zu rekonstruieren versucht hatte. Aber ich glaube, das ist ungenügend; während der Wahnsinn wenigstens ein Jahrhundert lang im wesentlichen das Ziel negativer Operationen gewesen ist, so war seit dieser Zeit die Sexualität ein Bereich durchaus positiver und detaillierter Investitionen. Seit dem 19. Jahrhundert tritt ein grundlegendes Phänomen ein: die Verzahnung zweier großer Machttechnologien: jener, die die Sexualität antreibt, und jener, die den Wahnsinn abtrennt. Aus der gegenüber dem Wahnsinn negativen Technologie ist eine positive Technologie geworden, aus einer binären ist eine komplexe und vielförmige geworden. Es kommt also eine große Technologie der Psyche zur Welt, die einer der Grundzüge unseres 19. und 20. Jahrhunderts ist: sie macht aus dem Sex gleichzeitig die verborgene Wahrheit des vernünftigen Bewußtseins und den entzifferbaren Sinn des Wahnsinns: ihren Gemeinsinn und somit das, was den Zugriff auf beide freigibt.

L. FINAS: Vielleicht muß man drei mögliche Mißverständnisse ausräumen. Ihre Argumentation gegen die Repressionshypothese besteht weder in einer einfachen Akzentverschiebung noch in der Feststellung einer Verneinung oder einer Unkenntnis seitens der Macht. Nehmen wir z.B. die Inquisition. Statt die Repression, die sie den Häretiker erleiden läßt, hervorzuheben, könnte man den Akzent auf den "Willen zum Wissen" legen, der die Folter leitet. Gehen Sie etwa in diese Richtung? Sie sagen auch nicht, daß die Macht sich selbst gegenüber ihr Interesse für den Sex verheimlicht, noch daß der Sex wider Wissen von einer Macht spricht, die er heimlich überschwemmen würde.

M. FOUCAULT: Ich glaube, daß mein Buch tatsächlich keinem dieser Themen und dieser Ziele, die Sie als Mißverständnisse bezeichnen, entspricht. Mißverständnis wäre übrigens ein etwas hartes Wort, um von solchen Interpretationen oder Eingrenzungen meines Buches zu sprechen. Nehmen wir die erste: ich wollte tatsächlich die Akzente verschieben und positive Mechanismen da erscheinen lassen, wo man üblicherweise eher negative Mechanismen betont.

So unterstreicht man im Zusammenhang mit der Buße immer, daß das Christentum die Sexualität mit Sanktionen belegt, nur einige ihrer Formen erlaubt und alle anderen bestraft. Man muß allerdings,

glaube ich, bemerken, daß es im Herzen der christlichen Buße das Bekenntnis gibt, also das Geständnis, die Gewissensprüfung und dadurch eine ganze Extraktion von Wissen und Reden über den Sex, die eine Reihe theoretischer Wirkungen (z.B. die große Analyse der Begehrlichkeit im 17. Jahrhundert) und praktischer Wirkungen (eine Pädagogik der Sexualität, die in der Folge verweltlicht und medizinisiert worden ist) gezeitigt hat.
Ebenso habe ich davon gesprochen, wie die verschiedenen Instanzen oder die verschiedenen Relais der Macht an ihrer Ausübung sogar gewissermaßen Lust empfunden haben. In der Überwachung, genauer gesagt im Blick der Überwacher, gibt es etwas, das der Lust zu überwachen und der Lust die Lust zu überwachen usw. nicht fremd ist. Das habe ich sagen wollen, aber darin erschöpfen sich meine Ausführungen nicht. Ich habe in gleicher Weise die gegenläufigen Mechanismen betont, von denen Sie sprachen. Es ist z.B. klar, daß die Hysterieausbrüche, die in der zweiten Hälfte des 19. Jahrhunderts in den psychiatrischen Anstalten aufgetreten sind, durchaus ein gegenläufiger Mechanismus, ein Gegenschlag auf eben die Ausübung der psychiatrischen Macht gewesen sind: die Psychiater haben den hysterischen Körper ihrer Kranken in seiner ganzen Gestalt - ganz wissend und ganz unwissend - wahrgenommen, ohne ihn haben zu wollen oder sogar ohne zu wissen, wie das geschah. Solche Elemente sind in meinem Buch wohl vorhanden, aber sie bilden nicht seinen wesentlichen Teil; um sie zu verstehen, muß man, scheint mir, von einer Einsetzung einer Macht ausgehen, die auf den Körper selbst ausgeübt wird. Ich suche zu zeigen, wie die Machtverhältnisse in die Tiefe der Körper materiell eindringen können, ohne von der Vorstellung der Subjekte übernommen zu werden.

Wenn die Macht den Körper angreift, dann nicht deshalb, weil sie zunächst im Bewußtsein der Leute verinnerlicht worden ist. Es gibt ein Netz von Bio-Macht, von somatischer Macht, die selbst ein Netz ist, von dem aus die Sexualität entsteht als historisches und kulturelles Phänomen, innerhalb dessen wir uns gleichzeitig wiedererkennen und verlieren.

L. FINAS: Auf Seite 114 von "Wille zum Wissen" unterscheiden Sie die Staatsmacht - als Ganzheit der Institutionen und Apparate - von der Macht als Vielheit von Kräfteverhältnissen, die dem Bereich immanent, dem sie sich einschreiben. Diese Macht, dieses Machtspiel stellen Sie als etwas dar, was sich in jenem Augenblick, an jenem Punkt, in jener Beziehung, von einem Punkt zum anderen produziert. Und ist es diese Macht, die dem Sex ganz und gar nicht äußerlich ist?

M. FOUCAULT: Das Wesentliche der Arbeit ist für mich eine neue Ausarbeitung der Theorie der Macht und ich bin nicht sicher, daß allein die Lust, über die Sexualität zu schreiben, mich genügend motiviert hätte, um diese Folge von (wenigstens) sechs Bänden zu beginnen, wenn ich mich nicht durch die Notwendigkeit, ein wenig diese Frage der Macht aufzugreifen, gedrängt gefühlt hätte. Mir scheint, daß man allzu oft und nach dem Modell, das durch das juridisch-philosophische Denken des 16. und 17. Jahrhunderts bestimmt ist, das Problem der Macht auf das Problem der Souveränität beschränkt hat: Was ist der Souverän? Wie kann das Souveräne sich konstituieren? Was bindet die Individuen an den Souverän? Es ist dieses Problem, das durch die monarchistischen oder anti-monarchistischen Juristen vom 13. bis ins 19. Jahrhundert gestellt wurde, es ist dieses Problem, das uns nach wie vor keine Ruhe läßt und meines Erachtens eine ganze Reihe von Analysebereichen disqualifiziert; ich weiß, sie können sehr empirisch und zweitrangig erscheinen, aber schließlich betreffen sie unsere Körper, unsere Existenzen, unser Alltagsleben. Gegen dieses Privileg der souveränen Macht wollte ich versuchen, eine Analyse zur Geltung zu bringen, die in eine andere Richtung geht. Zwischen jedem Punkt eines gesellschaftlichen Körpers, zwischen einem Mann und einer Frau, in einer Familie, zwischen einem Lehrer und seinem Schüler, zwischen dem der weiß und dem der nicht weiß verlaufen Machtbeziehungen, die nicht die schlichte und einfache Projektion der großen souveränen Macht auf die Individuen sind; sie sind eher der bewegliche und konkrete Boden, in dem die Macht sich verankert hat, die Bedingungen der Möglichkeit, damit sie funktionieren kann. Die Familie ist, sogar noch bis in unsere Tage, nicht der simple Reflex, die Verlängerung der Staatsmacht; sie ist nicht der Repräsentant des Staats bei den Kindern, ebensowenig wie das Männliche der Repräsentant des Staats bei der Frau ist. Damit der Staat funktioniert, wie er funktioniert, muß es vom Mann zur Frau oder vom Erwachsenen zum Kind sehr spezifische Herrschaftsverhältnisse geben, die ihre eigene Konfiguration und ihre relative Autonomie haben.

Ich glaube, man muß sich vor einer Thematik der Repräsentation hüten, die die Analysen der Macht versperrt und verschüttet. Lange Zeit ging es darum zu wissen, wie die individuellen Willen im oder vom allgemeinen Willen repräsentiert werden könnten. Heute wiederholt man ständig die Behauptung, daß der Vater, der Ehemann, der Chef, der Erwachsene, der Professor eine Staatsmacht "repräsentieren", die selbst die Interessen einer Klasse "repräsentiert".

Das gibt weder von der Komplexität der Mechanismen, noch von ihrer Spezifität, noch von ihren Stützen, Ergänzungen und manchmal Blockierungen Rechenschaft, die in jener Mannigfaltigkeit begründet sind.
Ganz allgemein glaube ich, daß die Macht sich nicht ausgehend von (individuellen oder kollektiven)Willen bildet, auch nicht, daß sie sich von Interessen ableitet. Die Macht bildet sich und funktioniert ausgehend von Mächten, · sie errichtet sich auf Vielfältigkeiten von Machtfragen und -wirkungen. Diesen komplexen Bereich muß man studieren. Was nicht heißen will, daß er unabhängig ist und man ihn ausserhalb des ökonomischen Prozesses und der Produktionsbeziehungen entschlüsseln könnte.

L. FINAS: Wenn man das, was man in Ihrem Text als einen Versuch der Ausarbeitung einer neuen Konzeption der Macht betrachten kann, liest, ist man hin- und hergerissen zwischen dem Bild des Computers und dem des isolierten oder angeblich isolierten Individuums, das selbst auch über eine spezifische Macht verfügt.

M. FOUCAULT: Die Idee, daß die Quelle oder der Häufungspunkt der Macht der Staat sei, daß er über alle Dispositive der Macht auskunft geben muß, scheint mir ohne große historische Fruchtbarkeit zu sein, oder sagen wir, daß ihre historische Fruchtbarkeit sich erschöpft hat. Das umgekehrte Vorgehen scheint gegenwärtig ertragreicher: ich denke an Studien wie die von Jacques Donzelot* über die Familie (er zeigt, wie die absolut spezifischen Formen von Macht, die innerhalb der Familien ausge-

*vgl. "La police des familles", Paris 1977 (A.d.Ü.)

übt werden, dank der Einschulung von allgemeineren Mechanismen staatlichen Typs durchdrungen werden, aber wie Mächte staatlichen Typs und Mächte familialen Typs ihre Spezifizität bewahrt haben und nur in dem Maße ineinandergreifen konnten, wie jeder ihrer Mechanismen respektiert wurde). Ebenso macht François Ewald eine Studie über die Bergwerke, die Errichtung von Systemen einer Unternehmerkontrolle und die Weise, wie die Unternehmerkontrolle ohne Verlust der Wirksamkeit in den großen staatlichen Verwaltungen abgelöst worden ist.

L. FINAS: Wenn man so die "Macht" wieder ins Spiel bringt - gibt es dann auch einen politischen Gesichtspunkt ihr gegenüber? Denn Sie sprechen von der Sexualität wie von einem politischen Dispositiv. Könnten Sie die Bedeutung definieren, die Sie dem Politischen geben?

M. FOUCAULT: Wenn es stimmt, daß die Gesamtheit der Kräfteverhältnisse in einer gegebenen Gesellschaft den Bereich der Politik konstituiert und daß eine Politik eine mehr oder weniger globale Strategie ist, diese Kräfteverhältnisse zu koordinieren und auf Zwecke auszurichten versucht, glaube ich, daß man auf ihre Fragen auf folgende Weise antworten kann:
Die Politik ist nicht das, was elementare und von "Natur" aus neutrale Beziehungen in letzter Instanz determiniert (oder überdeterminiert). Jedes Kräfteverhältnis impliziert in jedem Augenblick eine Machtbeziehung (die gewissermaßen dessen momentaner Querschnitt ist) und jede Machtbeziehung verweist, als auf ihre Wirkung aber auch als auf ihre Möglichkeitsbedingungen, auf ein politisches Feld, dessen Teil sie ist. Sagt man, daß 'alles politisch ist', so

spricht man von der Allgegenwart der Kräfteverhältnisse und ihrer Immanenz in einem politischen Feld. Aber man stellt sich damit auch die noch kaum skizzierte Aufgabe, dieses unbestimmte Wirrwarr zu entflechten. Eine solche Analyse darf man nicht einer individuellen Schuldzuweisung opfern (wie jener, die man insbesondere vor einigen Jahrzehnten im Existenzialismus der Selbstgeißelung praktiziert hat; Sie wissen doch: jeder ist verantwortlich für alles, es gibt kein Unrecht in der Welt, dessen Komplizen wir im Grunde nicht sind); man darf sie auch nicht durch eine jener Verschiebungen umgehen, die man heute gern praktiziert: all das leitet sich ab von einer Warenökonomie oder von der kapitalistischen Ausbeutung oder ganz einfach von dieser verfaulten Gesellschaft (die Probleme des Sexes oder der Delinquenz oder des Wahnsinns sind daher auf eine "andere" Gesellschaft zu verweisen). Die politische Analyse und Kritik sind zu einem guten Teil noch zu erfinden - aber zu erfinden sind auch die Strategien, die es erlauben, gleichzeitig diese Kräfteverhältnisse zu modifizieren und sie in der Weise zu koordinieren, daß diese Modifikation möglich wird und sich in die Realität einschreibt. Das heißt, daß das Problem nicht das ist, eine politische "Position" zu definieren (was uns nur eine Wahl auf einem schon feststehenden Schachbrett läßt), sondern neue Politisierungsmodelle auszudenken und zu verwirklichen helfen. Wenn "Politisierung" heißt, daß man auf vorgegebene Alternativen und Organisationen all die Kräfteverhältnisse und Machtmechanismen zurückführt, die von der Analyse freigelegt werden, dann ist sie nicht der Mühe wert. Den großen neuen Machttechniken (die den multinationalen Ökonomien, den bürokratischen Staaten entsprechen) muß sich eine Politisierung entgegensetzen, die neue Formen haben wird.

L. FINAS:Eine Sequenz und eine der Konsequenzen Ihrer Untersuchung besteht darin, auf sehr verblüffende Weise zwischen Sex und Sexualität zu unterscheiden. Können Sie diese Unterscheidung präzisieren und uns sagen, wie wir nunmehr den Titel Ihrer Geschichte der Sexualität zu lesen hätten?

M. FOUCAULT: Diese Frage war die zentrale Schwierigkeit meines Buches. Ich hatte angefangen, es als eine Geschichte der Art und Weise zu schreiben, wie man den Sex verdeckt und verkleidet mit einer Art Fauna, einer seltsamen Vegetation, die die Sexualität wäre. Nun, ich glaube, daß diese Opposition von Sex und Sexualität wieder auf eine Machtposition wie Gesetz und Verbot verweist: die Macht hätte ein Sexualitätsdispositiv bereitgestellt, um zum Sex nein zu sagen. Meine Analyse blieb noch in der juridischen Konzeption der Macht befangen. Ich mußte eine Wende vollziehen: ich habe unterstellt, daß die Idee vom Sex dem Sexualitätsdispositiv inhärent ist, und daß das, was man konsequenterweise an seiner Wurzel findet, nicht der zurückgewiesene Sex ist, sondern eine positive Ökonomie der Körper und der Lust.

Es gibt also einen Grundzug in der Ökonomie der Lust, so wie sie im Abendland funktioniert: das heißt, daß der Sex ihr als Prinzip der Intelligibilität und des Maßes dient. Seit Tausenden von Jahren versucht man uns glauben zu machen, daß das Gesetz jeglicher Lust wenigstens insgeheim der Sex ist: und daß das sowohl die Notwendigkeit seiner Einschränkung rechtfertigt als auch die Möglichkeit zu seiner Kontrolle gibt. Diese beiden Themen, nämlich daß der Sex das Fundament jedweder Lust ist und daß die Natur des Sexes verlangt, daß man der Zeugung frönt und sich auf sie beschränkt, das sind nicht ursprünglich christliche Themen, sondern stoische; und das Christentum ist genötigt gewesen, sie wieder aufzugreifen, als es sich in die Staatsstrukturen des römischen Reiches hat integrieren wollen, dessen quasi universelle Philosophie der Stoizismus war. Der Sex ist also der "Code" der Lust geworden. Im Abendland (anders als in den Gesellschaften, die eine ars erotica haben, wo die Intensivierung der Lust auf die Desexualisierung des Körpers zielt) hat diese Kodifizierung der Lust durch die "Gesetze" des Sexes schließlich zu dem Gesamtdispositiv der Sexualität geführt. Und dieses macht uns glauben, daß wir uns "befreien", wenn wir jede Lust als Ausdruck von endlich aufgedecktem Sex "dekodieren". Während man eher auf eine Desexualisierung, auf eine allgemeine Ökonomie der Lust zielen muß, die nicht sexuell normiert ist.

L. FINAS: Ihre Analyse bringt die Psychoanalyse in einer etwas suspekten und verschämten Archäologie zum Erscheinen. Die Psychoanalyse enthüllt ihre Abstammung vom inquisitorischen Geständnis einerseits, von der psychiatrischen Medizinisierung andererseits. Ist das Ihr Gesichtspunkt?

M. FOUCAULT: Man kann sehr wohl sagen, daß die Psychoanalyse auf jener gigantischen Vermehrung und Institutionalisierung der Geständnisprozeduren beruht, die so charakteristisch für unsere Zivilisation sind. Sie hat unmittelbar teil an jener Medizinisierung der Sexualität, die selbst auch ein merkwürdiges Phänomen ist: während in der ars erotica eher die (pharmazeutischen oder somatischen) Mittel, die zur Intensivierung der Lust dienen, Medizin werden, gibt es im Abendland eine Medizinisierung der Sexualität selbst, als wenn sie eine Zone besonderer pathologischer Zer-

brechlichkeit im menschlichen Dasein wäre. Jede Sexualität läuft Gefahr, gleichzeitig krank zu sein und massenhaft Krankheiten zu erregen. Man kann nicht leugnen, daß die Psychoanalyse sich am Kreuzungspunkt dieser beiden Prozesse befindet. Wie konnte sich die Psychoanalyse zum Zeitpunkt ihres Erscheinens bilden: in den folgenden Bänden werde ich versuchen, es zu sehen. Ich fürchte einfach, daß sich hinsichtlich der Psychoanalyse das produziert, was sich hinsichtlich der Psychiatrie abgespielt hat, als ich "Wahnsinn und Gesellschaft" geschrieben hatte: darin hatte ich versucht zu erzählen, was sich bis Anfang des 19. Jahrhunderts ereignet hatte; nun, die Psychiater haben meine Analyse als einen Angriff auf die Psychiatrie verstanden. Ich weiß nicht, was bei den Psychoanalytikern los sein wird, aber ich fürchte sehr, daß sie etwas, das nur eine Genealogie sein wird, als "Anti-Psychoanalyse" verstehen.
Warum funktioniert eine Archäologie der Psychiatrie als "Anti-Psychiatrie", während eine Archäologie der Biologie nicht als Anti-Biologie funktioniert? Geschieht das wegen des partiellen Charakters der Analyse? Oder geschieht es nicht eher wegen eines gewissen "schlechten Verhältnisses" der Psychiatrie zu ihrer eigenen Geschichte, einer bestimmten Unfähigkeit der Psychiatrie in ihrem gegebenen Zustand, ihre eigene Geschichte aufzunehmen. Man wird schon sehen, wie die Psychoanalyse die Frage ihrer Geschichte aufnehmen wird.

L. FINAS: Haben Sie das Gefühl, daß Ihre "Sexualität und Wahrheit" die Frauenfrage weiterbringen wird? Ich denke an das, was Sie über die Hysterisierung und die Psychiatrisierung des Körpers der Frau sagen.

M. FOUCAULT: Einige Ideen, die aber noch schwanken, nicht festgelegt sind. Die Diskussionen und die Kritiken, die auf jeden Band folgen, erlauben es vielleicht, sie zu präzisieren. Aber ich selbst habe keine Gebrauchsanweisung festzusetzen.

L. FINAS: Im "Willen zum Wissen" handelt es sich um Tatsachen und Diskurse, Tatsachen und Diskurse finden sich selbst in ihrem eigenen Diskurs gefangen, in jener Ordnung Ihres Diskurses, die sich als Unordnung darstellt, sofern sie Vorgefertigtes auflöst. Sie fliegen von einem Punkt ihrer Beweisführung zum anderen, Sie stiften selbst Ihre Kontrahenten an, so als ob der Ort Ihrer Analyse Ihnen vorausginge und Sie dazu zwänge. Andererseits versucht Ihre Darstellung dem Leser Verhältnisse von großer Distanz und Abstraktheit auszumalen. Stimmen Sie mit mir überein, was den dramatischen und fiktiven Charakter Ihrer Analyse angeht?

M. FOUCAULT: Dieses Buch hat nicht die Funktion einer Beweisführung. Es ist wie ein Vorspiel, um die Klaviatur zu erkunden, die Themen ein bißchen zu skizzieren und zu sehen, wie die Leute darauf reagieren werden, wo die Kritiken langlaufen, wo die Verständnislosigkeiten liegen und wo die Wutausbrüche sein werden; ich habe diesen ersten Band geschrieben, um die anderen Bände in gewisser Weise für all jene Reaktionen offen zu halten. Was das Problem der Fiktion anbetrifft, das ist für mich ein sehr wichtiges Problem; ich bin mir dessen voll bewußt, daß ich niemals etwas anderes geschrieben habe als fictions. Ich will nicht sagen, daß das außerhalb von Wahrheit liegt. Es scheint mir die Möglichkeit zu geben, die Fiktion in der Wahrheit zum Arbeiten zu bringen, mit einem Fiktions-Diskurs Wahrheitswirkungen hervorzurufen und so zu erreichen, daß der Wahrheitsdiskurs etwas hervorruft, "fabriziert", was noch nicht existiert, also "fingiert". Man "fingiert" Geschichte von einer politischen Realität aus, die sie wahr macht, man fingiert eine Politik, die noch nicht existiert, von einer historischen Wahrheit aus.

Aus dem Französischen von Jutta Kranz

EIN SPIEL UM DIE PSYCHOANALYSE

Gespräch mit Angehörigen des Département de Psychanalyse der Universität Paris VIII in Vincennes

(Vorbemerkung: Kurz nach Erscheinen von "Der Wille zum Wissen" haben wir Michel Foucault eingeladen, einen Abend mit uns zu verbringen. Wir geben hier ein paar Momente des lockeren Gesprächsverlaufs wieder. A.G.)

ALAIN GROSRICHARD: Nun wird es Zeit auf die "Geschichte der Sexualität" zu sprechen zu kommen, von der uns der erste Band vorliegt und die nach Deiner Ankündigung sechs Bände umfassen soll.

MICHEL FOUCAULT: Ja. Ich möchte Euch zuerst sagen, daß ich mich wirklich sehr freue, hier mit Euch zusammen zu sein. Dazu nämlich habe ich, unter anderem, dieses Buch in dieser Form geschrieben. Bis jetzt habe ich die Sachen immer zu vollgepackt, habe kein Zitat, keine Referenz ausgespart, und ich habe allzu dicke Brocken hingeklotzt, die zumeist ohne Antwort blieben. Darum kam mir die Idee zu diesem Programm-Buch, das wie ein Schweizerkäse beschaffen ist: voller Löcher, in denen man sich einnisten kann. Ich mochte nicht sagen: "Hier, das denke ich" - denn ich bin mir dessen, was ich da vorbringe, noch nicht so sicher. Ich habe vielmehr sehen wollen, ob man das so sagen kann und wie weit es trägt, und das läuft natürlich Gefahr, für Euch sehr enttäuschend zu sein. Was an dem, was ich geschrieben habe, ungewiß ist, das ist ganz gewiß ungewiß. Es handelt sich dabei weder um eine List noch um Rhetorik. Und ich bin mir auch immer noch nicht sicher, was ich in den folgenden Bänden schreiben werde. Darum wünschte ich mir, die von diesem hypothetischen, einen ersten Überblick vermittelnden Diskurs produzierte Wirkung zu erleben. Ich glaube, es ist das erste Mal, daß ich mit Leuten zusammentreffe, die bereit sind, auf das Spiel, das ich ihnen in meinem Buch vorschlage, einzugehen.

Das Dispositiv

A.GROSRICHARD: Ohne Zweifel. Fangen wir mit dem allgemeinen Anspruch dieses Programms an: "Geschichte der Sexualität". Welchen Typs ist dieses neue historische Objekt, das Du die "Sexualität" nennst? Denn offenbar geht es dabei nicht um die Sexualität, von der die Botaniker und Biologen sprechen, oder besser gesagt, gesprochen haben, und die nunmehr Sache des Wissenschaftshistorikers ist. Noch um die Sexualität in dem Sinne, in dem die traditionelle Ideen- und Sittengeschichte sie auffassen könnte, der Du ja gerade eben wieder, durch die Zweifel hindurch, die Du gegenüber der "Repressions-Hypothese" anbringst, ihre Fragwürdigkeit bescheinigt hast. Noch auch um die sexuellen Praktiken, die heutzutage von den Historikern mit neuen Methoden und Techniken der Analyse erforscht werden. Du sprichst von einem "Sexualitätsdispositiv". Welchen Sinn und welche methodologische Funktion gibst Du diesem Ausdruck "Dispositiv"?

M.FOUCAULT: Was ich unter diesem Titel festzumachen versuche ist erstens ein entschieden heterogenes Ensemble, das Diskurse, Institutionen, architekturale Einrichtungen, reglementierende Entscheidungen, Gesetze, administrative Maßnahmen, wissenschaftliche Aussagen, philosophische, moralische oder philanthropische Lehrsätze, kurz: Gesagtes ebensowohl wie Ungesagtes umfaßt. Soweit die Elemente des Dispositivs. Das Dispositiv selbst ist das Netz, das zwischen diesen Elementen geknüpft werden kann.

Zweitens möchte ich in dem Dispositiv gerade die Natur der Verbindung deutlich machen, die zwischen diesen heterogenen Elementen sich herstellen kann. So kann dieser oder jener Diskurs bald als Programm einer Institution erscheinen, bald im Gegenteil als ein Element, das es erlaubt, eine Praktik zu rechtfertigen und zu maskieren, die ihrerseits stumm bleibt, oder er kann auch als sekundäre Reinterpretation dieser Praktik funktionieren, ihr Zugang zu einem neuen Feld der Rationalität verschaffen. Kurz gesagt gibt es zwischen diesen Elementen, ob diskursiv oder nicht, ein Spiel von Positionswechseln und Funktionsveränderungen, die ihrerseits wiederum sehr unterschiedlich sein können.

Drittens verstehe ich unter Dispositiv eine Art von - sagen wir - Formation, deren Hauptfunktion zu einem gegebenen historischen Zeitpunkt darin bestanden hat, auf einen Notstand (urgence) zu antworten. Das Dispositiv hat also eine vorwiegend strategische Funktion. Das hat zum Beispiel die Resorption einer freigesetzten Volksmasse sein können, die einer Gesellschaft mit einer Ökonomie wesentlich merkantilistischen Typs lästig erscheinen mußte: es hat da einen strategischen Imperativ gegeben, der die Matrix für ein Dispositiv abgab, das sich nach und nach zum Dispositiv der Unterwerfung/Kontrolle des Wahnsinns, dann der Geisteskrankheit, schließlich der Neurose entwickelt hat.

GERARD WAJEMAN: Ein Dispositiv definiert sich also durch eine Struktur von heterogenen Elementen, zugleich aber auch durch einen bestimmten Typ von Genese?

M. FOUCAULT: Ja. Und ich würde an dieser Genese zwei Momente als wesentlich ansehen. Zuerst gibt es immer die Prävalenz einer strategischen Zielsetzung. In der Folge konstituiert sich das Dispositiv dann eigentlich als solches und bleibt in dem Maße Dispositiv, in dem es Ort eines doppelten Prozesses ist: Prozeß einerseits einer funktionellen Überdeterminierung, sofern nämlich jede positive oder negative, gewollte oder ungewollte Wirkung in Einklang oder Widerspruch mit den anderen treten muß und eine Wiederaufnahme, eine Readjustierung der heterogenen Elemente, die hier und da auftauchen, verlangt. Prozeß einer ständigen strategischen Wiederauffüllung andererseits. Nehmen wir als Beispiel die Inhaftierung, jenes Dispositiv, das bewirkt hat, daß zu einem gegebenen Zeitpunkt die Maßnahmen der Haft als das wirksamste und vernünftigste Instrument erschienen sind, das man gegenüber dem Phänomen der Kriminalität in Anwendung bringen kann. Was hat das produziert? Einen Effekt, der im vorhinein absolut nicht vorgesehen war, und der nichts zu schaffen hat mit der strategischen List irgendeines meta- oder transhistorischen Subjekts, das ihn geahnt oder gewollt hätte. Dieser Effekt ist die Konstituierung eines Milieus der Delinquenz gewesen, das von jener Spielart der Aussaat illegaler Praktiken und Individuen, die man in der Gesellschaft des 18. Jahrhunderts vorfand, grundverschieden ist. Wie ist das vor sich gegangen? Das Gefängnis hat die Rolle der Filtrierung und Konzentration, der Professionalisierung und Abschließung eines Milieus der Delinquenz übernommen. Ungefähr seit den 30er Jahren des 19. Jahrhunderts erlebt man eine unmittelbare Wiedernutzbarmachung dieses unfreiwilligen und negativen Effekts in einer neuartigen Strategie, die in gewisser Weise den leeren Raum wiederaufgefüllt, oder, anders gesagt, dessen Negativität ins Positive gekehrt hat: das Milieu der Delinquenz wurde zu diversen politischen und ökonomischen Zwecken (etwa um aus der Lust Profit zu schlagen - mithilfe der Organisierung der Prostitution) ausgenutzt. Das nenne ich die strategische Wiederauffüllung des Dispositivs.

A. GROSRICHARD: In der "Ordnung der Dinge" und in der "Archäologie des Wissens" hast Du von Episteme, von Wissen, von diskursiven Formationen gesprochen. Heute ziehst Du es vor, von "Dispositiven" und "Disziplinen" zu sprechen. Ersetzen diese Begriffe die vorangegangenen, die Du damit aufgeben würdest? Oder verdoppeln sie sie eher in einem anderen Register? Hat man darin einen Wechsel der Vorstellung zu sehen, die Du Dir von dem Gebrauch Deiner Bücher machst? Wählst Du Deine Gegenstände, die Weise, in der Du sie angehst, die Begriffe, in denen Du sie faßt, in Hinblick auf neue Zielvorstellungen, die heute mehr auf die Kämpfe hin angelegt wären, die es zu führen gilt, auf eine Welt, die es eher zu verändern als zu interpretieren gilt? - Ich bringe das zur Sprache, damit die Fragen, die man Dir gleich stellen wird, nicht an dem vorbeigehen, was Du hast tun wollen.

M. FOUCAULT: Denk dran, daß es vielleicht genauso gut ist, wenn sie ganz und gar daneben gehen: das würde nur beweisen, daß mein Vorschlag daneben ist. Du hast aber das Recht, danach zu fragen. Was das Dispositiv anbetrifft, stehe ich vor einem Problem, aus dem ich noch nicht ganz raus bin. Ich habe gesagt, daß das Dispositiv wesentlich <u>strategischer</u> Natur ist,

was voraussetzt, daß es sich dabei um eine bestimmte Manipulation von Kräfteverhältnissen handelt, um ein rationelles und abgestimmtes Eingreifen in diese Kräfteverhältnisse ,sei es, um sie in diese oder jene Richtung auszubauen, sei es, um sie zu blockieren oder zu stabilisieren oder auch nutzbar zu machen usw...
Das Dispositiv ist also immer in ein Spiel der Macht eingeschrieben, immer aber auch an eine Begrenzung oder besser gesagt: an Grenzen des Wissens gebunden, die daraus hervorgehen, es gleichwohl aber auch bedingen. Eben das ist das Dispositiv: Strategien von Kräfteverhältnissen, die Typen von Wissen stützen und von diesen gestützt werden. In der "Ordnung der Dinge", wo ich eine Geschichte der Episteme schreiben wollte, bin ich in eine Sackgasse geraten. Jetzt dagegen will ich versuchen zu zeigen, daß das, was ich Dispositive nenne, ein sehr viel allgemeinerer Fall der Episteme ist. Oder eher, daß die Episteme, im Unterschied zum Dispositiv im allgemeinen, das seinerseits diskursiv und nichtdiskursiv ist, und dessen Elemente sehr viel heterogener sind, ein spezifisch <u>diskursives</u> Dispositiv ist.

JAQUES-ALAIN MILLER: Was Du als Dispositiv einführst, stellt sich offensichtlich viel heterogener dar, als das, was Du Episteme nanntest.

M. FOUCAULT: Unbedingt.

J.-A. MILLER: Du hast in Deinen Epistemen Aussagen sehr unterschiedlichen Typs gemischt oder eingeordnet, Aussagen von Philosophen, von Gelehrten, von obskuren Autoren und von theoretisierenden Praktikern, - daher auch der Überraschungseffekt, den Du erreicht hast, - letzten Endes aber handelt es sich immer um Aussagen.

M. FOUCAULT: Gewiß.

J.-A. MILLER: Mit den Dispositiven willst Du über den Diskurs hinausgehen. Diese neuartigen Ensembles aber, die doch artikulierte Elemente zusammenfassen...

M. FOUCAULT: Ah ja!

J.-A. MILLER: ...bleiben insofern signifikante Ensembles. Ich vermag nicht zu sehen, wo Du denn etwas "Nicht-Diskursives" zu fassen bekommst.

M. FOUCAULT: Um sagen zu können: dies ist ein Dispositiv, suche ich danach, welches die Elemente gewesen sind, die in eine Rationalität, eine gegebene Übereinkunft eingegangen sind, es sei denn...

J.-A. MILLER: Man darf nicht von Rationalität sprechen, wenn man nicht auf die Episteme zurückfallen will.

M. FOUCAULT: Wenn Du so willst, könnte ich die Episteme, indem ich zu ihr zurückkehre, als strategisches Dispositiv definieren, das es erlaubt, unter allen möglichen Aussagen diejenigen herauszufiltern, die innerhalb, ich sage nicht: einer wissenschaftlichen Theorie, aber eines Feldes von Wissenschaftlichkeit akzeptabel sein können und von denen man wird sagen können: diese hier ist wahr oder falsch. Die Episteme ist das Dispositiv, das es erlaubt, nicht schon das Wahre vom Falschen, sondern vielmehr das wissenschaftlich Qualifizierbare vom Nicht-Qualifizierbaren zu scheiden.

GUY LE GAUFEY: Aber um auf das "Nicht-Diskursive" jenseits der Aussagen zurückzukommen: kommt an Nicht-Diskursivem in einem Dispositiv noch anderes vor als die "Institutionen"?

M. FOUCAULT: Was man im allgemeinen "Institution" nennt, meint jedes mehr oder weniger aufgezwungene, eingeübte Verhalten. Alles was in einer Gesellschaft als Zwangssystem funktioniert, und keine Aussage ist, kurz also: alles nicht-diskursive Soziale ist Institution.

J.-A. MILLER: Die Institution ist doch offensichtlich diskursiver Natur.

M. FOUCAULT: Von mir aus. Aber für das, was ich mit dem Dispositiv will, ist es kaum von Bedeutung, zu sagen: das hier ist diskursiv und das nicht. Vergleicht man etwa das architektonische Programm der Ecole Militaire von Gabriel mit der Konstruktion der Ecole Militaire selbst: Was ist da diskursiv, was institutionell? Mich interessiert dabei nur, ob nicht das Gebäude dem Programm entspricht. Aber ich glaube nicht, daß es dafür von großer Bedeutung wäre, diese Abgrenzung vorzunehmen, alldieweil mein Problem kein linguistisches ist.

Die Analytik der Macht

A. GROSRICHARD: Du untersuchst in Deinem Buch die Konstituierung und die Geschichte eines Dispositivs: des Sexualitäts-Dispositivs. Sehr schematisch kann man sagen, daß es auf der einen Seite dem angegliedert ist, was Du die Macht nennst, deren Mittel oder Ausdruck es ist. Und daß es auf der anderen Seite, so könnte man sagen, ein historisch datierbares, imaginäres Objekt produziert: das Geschlecht. Daran schließen sich dann zwei große Gruppen von Fragen an: Fragen über die Macht und über das Geschlecht in ihrem Verhältnis zum Sexualitäts-Dispositiv. Was die Macht anbetrifft, meldest Du Zweifel an den Konzeptionen an, die man sich traditionellerweise von ihr gemacht hat. Und was Du Deinerseits vorbringst, ist nicht so sehr eine neue Theorie der Macht, als vielmehr eine "Analytik der Macht". Inwieweit gestattet Dir der Ausdruck "Analytik" das, was Du hier in Verbindung mit dem Sexualitäts-Dispositiv "Macht" nennst, klarzumachen?

M. FOUCAULT: Die Macht gibt es nicht. Ich will damit folgendes sagen: die Idee, das es an einem gegebenen Ort oder ausstrahlend von einem gegebenen Punkt irgendetwas geben könnte, das eine Macht ist, scheint mir auf einer trügerischen Analyse zu beruhen und ist jedenfalls außerstande, von einer beträchtlichen Anzahl von Phänomenen Rechenschaft zu geben. Bei der Macht handelt es sich in Wirklichkeit um Beziehungen, um ein mehr oder weniger organisiertes, mehr oder weniger pyramidalisiertes, mehr oder weniger koordiniertes Bündel von Beziehungen. Folglich besteht das Problem nicht darin, eine Theorie der Macht zu begründen, der die Aufgabe zukäme, zu wiederholen, was schon schon ein Boulainvilliers oder aber ein Rousseau hat machen wollen. Beide gehen von einem Urzustand aus, in dem alle Menschen gleich sind, und dann - was passiert dann? Ein Einbruch der Geschichte für den einen, das mythisch-juridische Ereignis für den anderen - was auch immer man bevorzugt, stets läuft es so: von irgendeinem Zeitpunkt an haben die Leute keine Rechte mehr gehabt, und die Macht war da. Wenn man versucht, eine Theorie der Macht aufzustellen, wird man immer gezwungen sein, sie als an einem gegebenen Ort, zu einer gegebenen Zeit auftauchend anzusehen, und man wird genötigt sein, ihre Genese aufzuzeigen und dann ihre Deduktion vorzunehmen. Wenn aber die Macht in Wirklichkeit ein offenes, mehr oder weniger (und ohne Zweifel eher schlecht) koordiniertes Bündel von Beziehungen ist, dann stellt sich nur das Problem, ein Analyse-Raster zu schmieden, das eine Analytik der Machtbeziehungen ermöglicht.

A. GROSRICHARD: Und doch nimmst Du Dir auf Seite 21 Deines Buches vor, eingedenk dessen, was sich nach dem tridentinischen Konzil abgespielt hat, zu untersuchen, "durch welche Kanäle und entlang welcher Diskurse die Macht es schafft, bis in die winzigsten und individuellsten Verhaltensweisen vorzudringen, welche Wege es ihr erlauben, die seltenen und unscheinbaren Formen der Lust zu erreichen" usw. ... Die an dieser Stelle von Dir verwendete Sprache läßt trotz allem an eine Macht denken, die von einem einzigen Zentrum ausginge und, was es da an Geringfügigstem und Randständigstem gibt, erst nach und nach, im Verlauf eines Prozesses der Diffusion, der Ansteckung, der Wucherung erfassen würde. Wenn Du andernorts von der Vervielfältigung der "Disziplinen" sprichst, läßt Du dagegen, so kommt es mir vor, die Macht als etwas erscheinen, das von den "kleinen Orten" ausgeht, sich um die "kleinen Dinge" herum organisiert, um dann am Ende sich zu konzentrieren. Wie sind diese beiden Vorstellungen von Macht miteinander vereinbar: die eine, die sie als von oben nach unten, vom Zentrum zur Peripherie, vom Bedeutsamen zum Geringfügigen sich ausübend beschreibt, und die andere, dergemäß sie in umgekehrter Richtung zu verlaufen scheint?

M. FOUCAULT: Als ich Dich lesen hörte, bin ich moralisch errötet bis über beide Ohren, und ich mußte mir sagen: es ist wahr, ich habe diese Metapher einer allmählichen konzentrischen Ausbreitung benutzt, die nach und nach... Aber das war in einem ganz präzisen Fall: dem der Kirche nach dem tridentinischen Konzil. Im allgemeinen, denke ich, kommt es vor allem darauf an, sein Augenmerk darauf zu richten, wie die großen Strategien der Macht sich einnisten, wie sie die Bedingungen ihrer Ausübung in den Mikro-Beziehungen der Macht vorfinden. Es gibt aber immer auch rückläufige Bewegungen, die dafür verantwortlich sind, daß die Strategien, die die Machtbeziehungen koordinieren, neue Effekte produzieren und in Domänen vorstoßen, die bis dahin nicht betroffen waren. So hat die Kirche bis zur Mitte des 16. Jahrhunderts die Sexualität nur in recht entfernter Weise kontrolliert: die Pflicht zur Jahresbeichte mit der Aufzählung der Sünden nach dem Beichtspiegel garantierte, daß man dem Beichtvater nicht sehr viele Bettgeschichten zu erzählen hatte. Im Anschluß an das tridentinische Konzil kann man dann Mitte des 16. Jahrhunderts neben den althergebrachten Techniken der Beichte eine Reihe neuartiger Verfahren auftauchen sehen, die innerhalb der kirchlichen Institutionen zu Zwecken der Läuterung und der Ausbildung des kirchlichen Personals eingeführt worden sind: für die Seminare oder Klosterschulen hat man minutiöse Techniken der Diskursivierung des alltäglichen Lebens, der Selbstprüfung, des Geständnisses, der Anleitung zur Gewissenserforschung (direction de conscience), der Beziehungen zwischen Angeleiteten und Anleitenden entwickelt. Das hat man dann der Gesellschaft einzuimpfen versucht und zwar, hier trifft es zu, in einer Bewegung von oben nach unten.

J.-A. MILLER: Damit beschäftigt sich auch Pierre Legendre.

M. FOUCAULT: Ich bin noch nicht dazu gekommen, sein letztes Buch zu lesen, aber das, was er in "L'Amour du Censeur" (Paris 1974) gemacht hat, schien mir dringend nötig zu sein. Er beschreibt einen Prozeß, der wirklich existiert. Aber ich glaube nicht, daß die Entstehung von Machtbeziehungen allein so, von oben nach unten, sich vollzieht.

A. GROSRICHARD: Du denkst also, daß diese Vorstellung von der Macht, als von oben nach unten, in repressiver und negativer Weise sich ausübend, eine Illusion ist? Ist es dann nicht eine notwendige, von der Macht selbst hervorgebrachte Illusion? Jedenfalls ist es eine ziemlich hartnäckige Illusion, und immerhin haben gegen diesen Typ von Macht Leute gekämpft und geglaubt, die Zustände ändern zu können.

GERARD MILLER: Dazu möchte ich folgendes ergänzend anmerken: selbst wenn man zugibt, daß die Macht im gesamtgesellschaftlichen Maßstab gesehen nicht von oben nach unten vorgeht, sondern als ein Bündel von Beziehungen sich erweist, funktionieren dann nicht zumindest die Mikro-Mächte, auf die diese sich gründen, immer von oben nach unten?

M. FOUCAULT: Ja, wenn Du so willst. In dem Maße, in dem die Machtbeziehungen ein ungleiches und relativ stabilisiertes Kräfteverhältnis bilden, ist es klar, daß sie ein Oben und Unten, einen kräftemäßigen Unterschied implizieren.

A. GROSRICHARD: Man braucht immer jemand, der noch weiter unten steht als man selbst.

M. FOUCAULT: Auch das. Was ich aber sagen wollte, ist folgendes: damit eine Bewegung von oben nach unten stattfinden kann, muß es notwendigerweise gleichzeitig ein kapillares Aufsteigen von unten nach oben geben. Nehmen wir ein einfaches Beispiel: die Machtbeziehungen feudalen Typs. Zwischen den der Erde verhafteten Knechten und dem Herrn, der von ihnen eine Rente erhob, gab es ein lokales, relativ autonomes

Verhältnis, fast ein Tête-à-Tête. Damit dieses Verhältnis Bestand haben konnte, bedurfte es wohl als Hintergrund einer gewissen Pyramidalisierung des Feudalsystems. Umgekehrt aber hatte die Macht der Könige von Frankreich und der Staatsapparate, die sie vom 11. Jahrhundert an nach und nach eingesetzt haben, mit Sicherheit als Bedingung ihrer Möglichkeit die Verankerung in den Verhaltensweisen, den Körpern, den lokalen Machtbeziehungen zur Voraussetzung, in denen man keneswegs eine simple Projektion der Zentralgewalt sehen darf.

J.-A. MILLER: Was ist das denn nun, diese "Machtbeziehung"? Das ist doch wohl nicht bloß die Verpflichtung ...

M. FOUCAULT: Aber nein! - Ich wollte gerade auf die Frage antworten, die mir eben zu dieser Macht von oben nach unten gestellt worden ist, die "negativ" sein soll. Alle Macht, ob sie nun von oben nach unten oder von unten nach oben geht, und auf welcher Ebene auch immer man sie nimmt, repräsentiert sich in den abendländischen Gesellschaften in der Tat in nahezu konstanter Weise in einer negativen Form, das heißt in einer juridischen Form. Es ist unseren abendländischen Gesellschaften eigentümlich, daß die Sprache der Macht das Recht ist und nicht die Magie oder die Religion, usw. ...

A. GROSRICHARD: Aber die Sprache der Liebe zum Beispiel, wie sie in der höfischen Literatur und in der ganzen abendländischen Geschichte der Liebe zum Ausdruck kommt, ist keine juristische Sprache. Und doch tut sie nichts anderes, als von der Macht zu sprechen, hört sie nicht auf, die Beziehungen von Herrschaft und Knechtschaft ins Werk zu setzen. Nimm zum Beipiel den Ausdruck "Maîtresse".

M. FOUCAULT: In der Tat. Duby hat dafür aber eine interessante Erklärung. Er bindet das Auftauchen der höfischen Literatur an die Existenz der "Juvenes" in der mittelalterlichen Gesellschaft: die Juvenes waren junge Männer, Nachkommen von Adligen, die als zweit- oder drittgeborene Söhne keinen Anspruch auf ein Erbe hatten und die gewissermaßen am Rande der für das Feudalsystem charakteristischen linearen genealogischen Erbfolge leben mußten. Sie warteten also darauf, daß es unter den legitimen männlichen Erben Tote gab, so daß eine Erbin sich gezwungen sah, sich einen Gatten zu verschaffen, der dazu befähigt war, in die Pflichten des Erbes und der an das Familienoberhaupt gebundenen Funktionen einzutreten. Die Juvenes bildeten also jenen turbulenten Überschuß, der durch den Modus der Weitergabe der Macht und des Eigentums notwendig hervorgebracht wurde. Und in diesem Zusammenhang steht für Duby die höfische Literatur: das war so eine Art fiktives Turnier zwischen den "Juvenes" und dem Familienoberhaupt oder dem Herrn, wenn nicht gar dem König, mit der bereits angeeigneten Frau als Einsatz. In der Zeit zwischen den Kriegen, in der Muße langer Winterabende entspannen sich um die Frau herum diese höfischen Beziehungen, die im Grunde genommen geradezu die Kehrseite der Machtbeziehungen sind, da es sich immer um einen Ritter handelt, der zu einem Schloß kommt, um dem Schloßherrn die Frau zu klauen. Da gab es also, wie um die Last zu erleichtern, eine tolerierte, von den Institutionen selbst hervorgebrachte Lockerung der Zügel, die zu diesem fiktiv-realen Turnier lud, das man unter den höfischen Themen findet. Das ist eine Komödie, die sich um Machtbeziehungen dreht und die in den Zwischenräumen der Macht funktioniert, aber keine wirkliche Machtbeziehung.

A. GROSRICHARD: Vielleicht. Aber die höfische Literatur kommt immerhin, vermittelt über die Troubadours, aus der arabisch-muselmanischen Zivilisation. Gilt nun das, was Duby sagt, auch für die? - Aber kehren wir zurück zur Frage nach der Macht in ihrem Verhältnis zum Dispositiv.

Eine Strategie ohne Stratege

CATHERINE MILLOT: Sie schreiben auf Seite 116, wo Sie von den "Gesamtdispositiven" sprechen: "auch da ist die Logik noch vollkommen klar, können die Absichten entschlüsselt werden - und dennoch kommt es vor, daß niemand sie entworfen hat und kaum jemand sie formuliert: impliziter Charakter der großen anonymen Strategien, die, nahezu stumm, geschwätzige Taktiken koordinieren, deren Erfinder oder Verantwortliche oft ohne Heuchelei auskommen..." Sie definieren da irgendetwas als eine Strategie ohne Subjekt. Wie ist das zu verstehen?

M. FOUCAULT: Nehmen wir ein Beispiel: In den Jahren zwischen 1825 und 1830 sieht man lokal und in der Tat geschwätzig eine Reihe wohldefinierter Strategien auftauchen, um die Arbeiter der ersten Schwerindustriezentren an dem Ort, an dem sie arbeiten, festzuhalten. Es handelte sich darum, den Beschäftigungswechsel zu erschweren. So bildeten sich etwa in Mulhouse, oder im Norden Frankreichs, vielfältige Techniken aus: man übte Druck auf die Leute aus, sich zu verheiraten, man stellte Wohnungen zur Verfügung, baute Arbeitersiedlungen, man praktizierte jenes hinterhältige System der Verschuldung, von dem Marx spricht, und das darin besteht, die Miete im Voraus zu kassieren, während der Lohn erst am Ende des Monats ausgezahlt wird. Dann gibt es da noch das System der Sparkasse und das des Anschreibens bei den Gemüse- oder Weinhändlern, die nichts anderes als Agenten des Arbeitgebers sind, usw. ... Schritt für Schritt bildet sich um all dies herum ein Diskurs: der Diskurs der Philanthropie nämlich, der Diskurs der Moralisierung der Arbeiterklasse. Dann verallgemeinern sich die Erfahrungen dank der Vermittlung von Institutionen und Gesellschaften, die ganz bewußt Moralisierungsprogramme für die Arbeiterklasse vorlegen. Auf diesem Boden beginnt das Problem der Frauenarbeit, das Problem der Einschulung der Kinder und das des Verhältnisses zwischen beiden Wurzeln zu schlagen. Zwischen der Einschulung der Kinder, die eine zentrale, auf der Ebene des Parlaments getroffene Maßnahme ist, und dieser oder jener Form einer rein lokalen Initiative, die zum Beispiel in Hinblick auf die Unterkunft der Arbeiter ergriffen wird, haben Sie alle Arten von Übersetzungs-Mechanismen (Arbeitgeberverbände, Handelskammern, usw. ...), die nach Maßgabe der zeitlichen oder örtlichen Umstände erfinden, modifizieren, umstellen: und zwar so geschickt, daß man eine globale, kohärente, rationale Strategie erhält, von der man aber nicht mehr zu sagen wüßte, wer sie entworfen hat.

C. MILLOT: Aber welche Rolle spielt dann die soziale Klasse?

M. FOUCAULT: Ah ja. Damit sind wir beim Kern des Problems und zweifellos auch bei den Unklarheiten meines eigenen Diskurses angelangt. Eine herrschende Klasse, das ist keine Abstraktion, aber ebensowenig eine vorfindliche Gegebenheit. Daß eine Klasse zur herrschenden Klasse wird, daß sie ihre Herrschaft absichert und daß diese Herrschaft sich verewigt, das ist eben doch die Wirkung einer ganzen Reihe von wirksamen und durchdachten Taktiken, die im Rahmen großangelegter Strategien funktionieren, die diese Herrschaft absichern. Aber zwischen der Strategie, die die Kräfteverhältnisse fixiert, verewigt, vervielfacht und akzentuiert, und der jeweils in der Position der herrschenden befindlichen Klasse, gibt es ein wechselseitiges Produktionsverhältnis. So kann man sagen, daß die Strategie der Moralisierung der Arbeiterklasse eine Strategie der Bourgeoisie ist. Man kann sogar sagen, daß es diese Strategie ist, die es der bürgerlichen Klasse erlaubt, bürgerliche Klasse zu sein und ihre Herrschaft auszuüben. Aber daß es die bürgerliche Klasse sei, die - sei es auf der Ebene ihrer Ideologie, sei es auf der Ebene ihrer ökonomischen Pläne - als eine Art von zugleich realem und fiktivem Subjekt diese Strategie erfunden und der Arbeiterklasse gewaltsam aufgezwungen hätte, das kann man, glaube ich, nicht sagen.

J.-A. MILLER: Es gibt kein Subjekt, aber die Sache finalisiert sich ...

M. FOUCAULT: Die Sache finalisiert sich in Bezug auf ein Ziel.

J.-A. MILLER: Das sich also aufgezwungen hat ...

M. FOUCAULT: Das schon als sich aufzwingendes vorgefunden wurde. Noch einmal: es war weder Guizot mit seinen Gesetzen, noch Dupin mit seinen Büchern, der die Moralisierung der Arbeiterklasse aufgezwungen hat. Ebensowenig waren es die Arbeitgeberverbände. Und dennoch fand sie statt - weil sie auf das dringende Ziel antwortete, eine freiflottierende und umhervagabundierende Arbeitskraft in den Griff zu bekommen. Das Ziel existierte also, und die Strategie hat sich mit immer größerer Kohärenz entfaltet, ohne daß man ihr jedoch ein Subjekt unterstellen müßte, das die Gesetzgebung innehätte und das Gesetz in der Form eines "Du mußt, Du darfst nicht" aussprechen würde.

G. MILLER: Aber wer von den verschiedenen in dieser Strategie implizierten Subjekten macht den Anfang? Muß man nicht zum Beispiel die, die sie produzieren, von denen, die sie erleiden, unterscheiden? Selbst wenn ihre Initiativen oftmals letzten Endes konvergieren - sind sie denn alle miteinander verschmolzen oder grenzen sie sich voneinander ab? Und in welcher Weise?

A. GROSRICHARD: Oder auch: wäre Dein Modell das der "Bienenfabel" von Mandeville?

M. FOUCAULT: Das würde ich nun nicht gerade sagen ... Aber ich will ein anderes Beispiel nehmen: das der Konstituierung eines medizinisch-rechtlichen Dispositivs, in dessen Rahmen man auf der einen Seite die Psychiatrie im strafrechtlichen Bereich nutzbar gemacht hat, unter dessen Obhut aber auch auf der anderen Seite die Kontrollen, die Interventionen strafrechtlichen Typs bezüglich des Betragens oder der Verhaltensweisen anormaler Subjekte sich vervielfacht fanden. Das hat zu diesem enormen, zugleich theoretischen und rechtlichen Gebäude geführt, das man um die Frage der Entartung und der Abartigen herum errichtet hat. Was ist da vor sich gegangen? Alle möglichen Subjekte waren daran beteiligt: das Verwaltungspersonal zum Beispiel aus Gründen der öffentlichen Ordnung, vor allem aber die Mediziner und die Richter. Kann man dabei von Interesse sprechen?

Was etwa den Fall der Mediziner betrifft: warum haben sie so direkt in den strafrechtlichen Bereich eingreifen wollen? Da war es ihnen kaum eben, und nicht ohne Not gelungen, aus der Internierungspraxis die Psychiatrie zu entwickeln, sie auszuscheiden aus jener Schmelze, die die Internierungspraxis einmal gewesen war, bei der man sich doch gerade mitten im "Medizinisch-Rechtlichen" befunden hatte, - nur mit dem Unterschied, daß diese damals weder dem Medizinischen noch dem Rechtlichen zugerechnet werden konnte-; da waren die Alienisten kaum dazu gekommen, die Theorie und Praxis der mentalen Entfremdung (alienation) zu entwickeln und deren Spezifität zu definieren, und schon sagen sie: "Es gibt Verbrechen, die uns angehen. Diese Leute da gehören uns!" - Wo bleibt ihr medizinisches Interesse? Zu sagen, daß es eine Art von imperialistischer Dynamik der Psychiatrie gegeben hätte, die sich das Verbrechen hat unter den Nagel reißen wollen und ihrer Rationalität unterwerfen, das führt zu nichts. Ich wäre geneigt zu sagen, daß es dafür in der Tat eine Notwendigkeit gegeben hat (die Interesse zu nennen sich keineswegs aufdrängt), die an die Existenz selbst einer Psychiatrie gebunden war, die autonom geworden, gleichwohl ihr Eingreifen fortan zu begründen hatte, indem sie sich als Teil der öffentlichen Hygiene zu erkennen gab. Und sie konnte diese Begründung nicht allein darauf stützen, daß sie eine Krankheit - die mentale Entfremdung - zu beseitigen hatte. Dazu war überdies erforderlich, daß es für sie eine Gefahr zu bekämpfen gab, wie sie etwa eine Epidemie oder ein Mangel an Hygiene usw. darstellen. Wie nun davon überzeugen, daß der Wahnsinn eine Gefahr ist, wenn nicht, indem man zeigt, daß es Extremfälle gibt, in denen ein für die Augen der Öffentlichkeit unsichtbarer Wahn, der sich im vorhinein durch keinerlei Symptom verrät, außer durch einige haarfeine Risse, ein schwaches Knurren, das nur für einen gutgeschulten Beobachter wahrnehmbar ist, jäh in einem monstruösen Verbrechen zum Ausbruch kommen kann. So hat man den Tötungswahn konstruiert. Der Wahnsinn ist eine Gefahr, die gerade darum zu fürchten ist, weil sie für all die verständigen Leute, die den Wahnsinn erkennen zu können vermeinen, nicht vorhersehbar ist. Allein ein Arzt vermag sie aufzuspüren: da haben wir ihn, den Wahnsinn, der zum Objekt ausschließlich der Medizin geworden ist, deren Interventionsrecht im selben Zug seine Begründung findet.

Was den Fall der Richter betrifft, so kann man sagen, daß es eine andere Notwendigkeit war, die sie dazu gebracht hat, ihren Bedenken zum Trotz die Intervention der Ärzte zu akzeptieren. Die Bestrafungsmaschine, die dem Gebäude des Gesetzbuches zur Seite steht und die man in ihre Hände gelegt hat - das Gefängnis -, konnte nur funktionieren unter der Bedingung, daß man auf die Individualität des Individuums - auf den Verbrecher also, und nicht auf das Verbrechen - Einfluß nahm, um es zu verändern und zu bessern. Sobald man es aber mit Verbrechen zu tun hatte, bei denen man weder Grund noch Motive zu fassen bekam, konnte man nicht mehr bestrafen. Jemanden zu bestrafen, den man nicht kennt, wird zur Unmöglichkeit in einem Strafsystem, das nicht mehr an der Marter, sondern an der Einschließung orientiert ist (- das ist übrigens so wahr, daß man kürzlich aus dem Munde einer höchstangesehenen Person gleichwohl jenen kolossalen Satz vernommen hat, der aller Welt die Sprache hat verschlagen müssen: "Wenn Sie Patrick Henry nicht töten können, dann kennen Sie ihn nicht". Was denn? Wenn man ihn gekannt hätte, dann würde man ihn getötet haben?) Die Richter waren also wohl oder übel genötigt, den Psychiater intervenieren zu lassen, um ein Gesetz, das

Gesetz der Bestrafung, der Sühne geblieben war, mit einer Praxis des Strafvollzugs in Einklang bringen zu können, die zur Praxis der Besserung und des Gefängnisses geworden war. Man hat es also hier mit strategischen Notwendigkeiten zu tun, die nicht unmittelbar mit Interessen gleichzusetzen sind ...

G. MILLER: Du ersetzt "Interesse" durch "Problem" (für die Ärzte) und durch "Notwendigkeit" (für die Richter). Der Vorteil ist gering und das Ganze bleibt nichtsdestotrotz recht ungenau.

G. LE GAUFEY: Mir scheint, daß das metaphorische System, das Ihre Analyse bestimmt, das des Organismus ist - was Ihnen erlaubt, die Bezugnahme auf ein denkendes und wollendes Subjekt zu eliminieren. Ein lebender Organismus tendiert immer dazu, in seinem Sein zu beharren und alle Mittel sind ihm gut genug, um erfolgreich dieses Ziel zu erreichen.

M. FOUCAULT: Nein, damit bin ich aber ganz und garnicht einverstanden. Zum ersten habe ich nirgendwo die Metapher des Organismus benutzt. Dann besteht das Problem auch nicht in der "Selbsterhaltung". Wenn ich von Strategie spreche, dann ist dieser Ausdruck ernst gemeint: damit ein bestimmtes Kräfteverhältnis nicht bloß sich erhalten, sondern vielmehr sich akzentuieren, sich stabilisieren, an Boden gewinnen kann, ist ein Manöver notwendig. Die Psychiatrie hat ein Manöver durchgeführt, um zu erreichen, daß sie sich als Teil der öffentlichen Hygiene zu erkennen gab. Das ist doch kein Organismus - ebensowenig wie das Gericht -, und ich sehe nicht, inwiefern das, was ich gesagt habe, impliziert, daß es Organismen seien.

A. GROSRICHARD: Dagegen ist bemerkenswert, daß gerade im Lauf des 19. Jahrhunderts eine Gesellschaftstheorie sich konstituiert hat, die die Gesellschaft nach dem Modell eines Organismus begreift. Wie bei Auguste Comte zum Beispiel. Aber lassen wir das beiseite. Die Beispiele, die Du uns vorgeführt hast, um zu erklären,wie Du diese "Strategie ohne Subjekt" verstehen würdest, sind alle dem 19. Jahrhundert entnommen, einer Epoche also, in der Gesellschaft und Staat sich bereits in einem sehr zentralisierten wie auch technisierten Zustand befinden. Ist das für frühere Epochen ebenso klar?

J.-A. MILLER: Kurz gesagt ist es also haargenau die Zeit, in der die Strategie ein Subjekt zu haben scheint, für die Foucault nun zeigt, daß es keins gibt ...

M. FOUCAULT: In Grenzen würde ich dem zustimmen.

Kürzlich hörte ich jemand von der Macht sprechen - das ist ja jetzt Mode. Er stellte fest, daß jene berühmt-berüchtigte "absolute" Monarchie Frankreichs in Wirklichkeit garnichts Absolutes an sich hatte. Tatsächlich waren es verstreute Inseln der Macht, die in unterschiedlicher Weise funktionierten: die einen mittels einer Aufteilung in geographische Zonen, die anderen in Form einer Pyramide, andere wiederum als Körper oder gemäß familialen Einflüssen, Verwandschaftsbeziehungen usw. ... Man versteht leicht, warum die großen Strategien in einem solchen System nicht auftauchen konnten: die französische Monarchie hatte sich mit einem sehr starken, aber auch sehr starren Verwaltungsapparat ausgestattet, dem Vorgänge ungeheuren Ausmaßes durch die Maschen schlüpften. Wohl gab es einen König, einen manifesten Repräsentanten der Macht, aber in Wirklichkeit war die Macht nicht zentralisiert und äußerte sich nicht in großangelegten und zugleich feinmaschigen, geschmeidigen und kohärenten Strategien. Wogegen im 19. Jahrhundert die "Macht der Bourgeoisie" durch alle Arten von Mechanismen und Institutionen hindurch - Parlamentarismus, Informationsverbreitung, Verlage, Handelsmessen, Universitäten usw. - großangelegte Strategien hat erarbeiten können, ohne daß es indessen not täte, ihnen ein Subjekt zu unterstellen.

J.-A. MILLER: Im "theoretischen" Feld hat der altbekannte "transzendentale Raum ohne Subjekt" letzten Endes kaum irgendwen ernstlich erschüttert - auch wenn Dir beim Erscheinen der "Ordnung der Dinge" von "Temps modernes" zur Genüge das Fehlen jeglicher Kausalität in den Umwälzungsbewegungen, die Dich von einer Episteme zur nächsten übergehen ließen, vorgeworfen worden ist. Vielleicht gibt es damit aber Schwierigkeiten, sobald es nicht mehr um das "Feld der Theorie", sondern um das der "Praxis" geht. Da gibt es nämlich Kräfteverhältnisse und Kämpfe. Die Frage "Wer kämpft?" und "Gegen wen?" stellt sich zwangsläufig. Hier kannst Du der Frage nach dem Subjekt, oder besser: nach <u>den</u> Subjekt<u>en</u>, nicht ausweichen.

M. FOUCAULT: Gewiß. Und das beschäftigt mich ziemlich. Ich weiß noch nicht genau, wie man da herauskommt. Wenn man aber der Auffassung ist, daß die Macht in Termini von Machtbeziehungen zu analysieren ist, dann hat man damit, scheint mir, letztlich ein Mittel in der Hand, mit dem man das Verhältnis zwischen der Macht und dem Kampf, insbesondere dem Klassenkampf, wesentlich besser erfassen kann, als im Rahmen anderer theoretischer Ansätze. Mich erstaunt immer wieder, daß in den meisten Texten, wenn nicht von Marx, so doch zumindest von den Marxisten, gewöhnlich stillschweigend darüber hinweggegangen wird (außer vielleicht bei Trotzki), was man denn eigentlich unter Kampf versteht, wenn man von Klassenkampf spricht. Was meint hier Kampf? Dialektische Entgegensetzung (affrontement)? Politische Auseinandersetzung (combat) um die Macht? Ökonomische Kraftprobe (bataille)? Krieg? Wäre die vom Klassenkampf durchdrungene bürgerliche Gesellschaft die Fortsetzung des Krieges mit anderen Mitteln?

DOMINIQUE COLAS: Vielleicht sollte man jene Institution in Betracht ziehen, die die Partei darstellt, und die man nicht einfach mit anderen gleichsetzen kann, die nicht zum Ziel haben, "die Macht zu ergreifen" ...

A. GROSRICHARD: Und dann stellen die Marxisten immerhin die Frage: "wer sind unsere Freunde, wer sind unsere Feinde?", die darauf hinausläuft, in diesem Kampffeld die wirklichen Frontlinien zu bestimmen ...

J.-A. MILLER: Kurz: wer oder was sind Deiner Meinung nach die Subjekte, die sich hier gegenüberstehen?

M. FOUCAULT: Es ist nur eine Hypothese, aber ich würde sagen: jeder jedem. Man hat nicht unmittelbar gegebene Subjekte, von denen das eine das Proletariat, das andere die Bourgeoisie wäre. Wer kämpft gegen wen? Wir kämpfen alle gegen alle. Und es gibt immer irgendetwas in uns, das etwas anderes in uns bekämpft.

J.-A. MILLER: Was bedeutet, daß es nur vorübergehende Bündnisse gäbe, von denen einige sofort auseinanderbrechen, während andere andauern, wobei es dann aber zuguterletzt die Individuen sind, die das erste und das letzte Glied bilden?

M. FOUCAULT: Ja. Die Individuen, und sogar die Sub-Individuen.

J.-A. MILLER: Die Sub-Individuen?

M. FOUCAULT: Warum nicht?

G. MILLER: Wenn ich zu dieser Frage der Macht meinen Eindruck als Leser wiedergeben wollte, dann würde ich spontan sagen: das ist zu gut gemacht...

M. FOUCAULT: Genau das stand in der KP-Zeitschrift "La Nouvelle Critique" über das Buch davor: das ist zu gut gemacht, als daß es nicht Lügen verbirgt...

G. MILLER: Ich will sagen: das ist zu gut gemacht, diese Strategien. Ich denke nicht, daß da Lügen verborgen sind, aber wenn ich die Dinge so wohlgeordnet, so stimmig zugerichtet vor mir sehe, auf lokaler, regionaler, nationaler Ebene, und das über ganze Jahrhunderte hinweg, denn frage ich mich: muß man da nicht doch irgendwodem Durcheinander (bordel) einen Platz einräumen?

M. FOUCAULT: Aber ja, vollkommen klar. Das Gericht und die Psychiatrie haben sich in der Mitte getroffen, aber durch welche Wirren (bordel) hindurch, durch wieviel Fehlschläge! Nur, mir geht es so, als hätte ich es mit einer Schlacht zu tun: wenn man nicht bei der Beschreibung bleibt, wenn man versuchen will, den Sieg oder die Niederlage zu erklären, dann muß man die Probleme wohl in Termini der Strategie aufwerfen und sich fragen: warum hat das geklappt? Warum hat das standgehalten? Darum gehe ich die Dinge von dieser Seite her an, die den Eindruck erweckt, es sei zu schön, um wahr zu sein.

Das Geschlecht kommt ins Spiel

A. GROSRICHARD: Bordell oder nicht, sprechen wir jetzt vom Geschlecht. Du machst daraus ein historisches Objekt, das in gewisser Weise vom Sexualitäts-Dispositiv erzeugt wird.

J.-A. MILLER: Dein letztes Buch handelte die Delinquenz ab. Die Sexualität ist offenbar ein Objekt anderen Typs. Wenn man es da nicht amüsanter findet zu zeigen, daß es das gleiche ist? Was ziehst du vor?

M. FOUCAULT: Ich würde sagen: versuchen wir doch mal zu sehen, ob es nicht das gleiche sein könnte. Das ist der Einsatz des Spiels. Und wenn es sechs Bände geben wird, dann deshalb, weil es ein Spiel ist. Dieses Buch ist das erste, das ich geschrieben habe, ohne vorher zu wissen, welchen Titel es haben soll. Und bis zum letzten Moment hatte ich ihn noch nicht gefunden. In Ermangelung eines besseren trägt es jetzt den Titel "Histoire de la Sexualité".* Der erste Titel, den ich François Regnault gezeigt hatte, hieß: "Sexe et Verité." Man hat ihn verworfen, aber letzten Endes war genau das mein Problem: was ist im Abendland vor sich gegangen, damit an die sexuelle Lust die Frage nach ihrer Wahrheit hat gestellt werden können? Und das ist mein Problem seit "Wahnsinn und Gesellschaft". Die Historiker sagen zu mir: Ja, gewiß doch, aber warum haben Sie nicht die verschiedenen Geisteskrankheiten un-

* der deutsche, in letzter Minute entstandene Titel ist: "Sexualität und Wahrheit" (A.d.Ü.)

tersucht, denen man im 17. und im 18. Jahrhundert begegnet? Warum haben Sie nicht eine Geschichte der Epidemien von Geisteskrankheiten geschrieben?- Und ich bringe es nicht fertig, ihnen verständlich zu machen, daß das alles in der Tat außerordentlich interessant ist, daß *das* aber nicht mein Problem war. Hinsichtlich des Wahnsinns hat mein Problem darin bestanden, in Erfahrung zu bringen, wie man die Frage nach dem Wahnsinn im Sinne der Wahrheitsdiskurse, das heißt im Sinne von Diskursen, die Status und Funktion eines *wahren* Diskurses haben - im Abendland ist das der wissenschaftliche Diskurs -, hat funktionieren lassen können. Unter diesem Blickwinkel habe ich auch die Sexualität angehen wollen.

A. GROSRICHARD: Wie definierst Du das, was Du "das Geschlecht" nennst, im Verhältnis zu diesem Sexualitäts-Dispositiv ? Ist es ein imaginäres Objekt, ein Phänomen, eine Illusion?

M. FOUCAULT: Gut. Ich will Dir sagen, wie das vor sich gegangen ist. Es hat da mehrere Arbeitsschritte gegeben. Am Anfang war das Geschlecht eine vorfindliche Gegebenheit, und die Sexualität erschien als eine Art von zugleich diskursiver und institutioneller Formation, die anfing, sich über das Geschlecht auszubreiten, es zu bedecken und am Ende zu verbergen. Das war der erste Strang. Dann habe ich ein paar Leuten mein Manuskript gezeigt, und ich hatte das Gefühl, daß das noch nicht zufriedenstellend war. Dann habe ich die Sache umgedreht. Das war ein Spiel, denn ich war mir noch nicht ganz sicher ... Aber ich sagte mir: das Geschlecht, das doch eine Instanz zu sein scheint, die ihre Gesetze, ihre Zwänge hat, und über die sich sowohl das männliche Geschlecht, als auch das weibliche Geschlecht definieren, müßte das nicht eigentlich im Gegenteil etwas sein, was von dem Sexualitäts-Dispositiv produziert worden ist? Das, worauf der Diskurs der Sexualität zunächst angewandt worden ist, war nicht das Geschlecht, das waren die Körper, die Sexualorgane, die Lüste, die Verwandtschaftsbeziehungen, die Verhältnisse zwischen Individuen, usw. ...

J.-A. MILLER: Ein heterogenes Ensemble ...

M. FOUCAULT: Ja. Ein heterogenes Ensemble, das schließlich von dem Sexualitäts-Dispositiv bedeckt worden ist, das dann, zu einem gegebenen Zeitpunkt, als Schlüsselfigur seines eigenen Diskurses und vielleicht sogar seines eigenen Funktionierens die Idee des Geschlechts produziert hat.

G. MILLER: Diese Idee des Geschlechts tritt nicht gleichzeitig mit dem Sexualitäts-Dispositiv auf?

M. FOUCAULT: Keineswegs. Das Geschlecht sieht man, wie mir scheint, im Laufe des 19. Jahrhunderts auftauchen.

G. MILLER: Man hat seit dem 19. Jahrhundert ein Geschlecht?

M. FOUCAULT: Eine Sexualität hat man seit dem 18. Jahrhundert, seit dem 19. ein Geschlecht.- Vorher hatte man zweifellos ein Fleisch. Der gute Mann, der den Grund dazu gelegt hat, ist Tertullian.

Von Tertullian zu Freud

J.-A. MILLER: Das mußt Du uns erklären.

M. FOUCAULT: Nun ja, Tertullian hat im Rahmen eines kohärenten theoretischen Diskurses zwei grundlegende Dinge zusammengebracht: das Wesentliche am christlichen Gebot - die "didaskè" - und die Prinzipien, mit deren Hilfe man dem Dualismus der Gnostiker entgehen konnte.

J.-A. MILLER: Ich sehe schon, daß Du danach Ausschau hälst, welche Werkzeuge Dir dazu tauglich sein werden, den Einschnitt zu verwischen, den man bei Freud ansetzt. Du erinnerst Dich sicher noch, daß Du schon einmal, zu der Zeit als Althusser dem marxistischen Einschnitt Geltung verschaffte, mit Deinem Radiergummi angekommen bist. Und jetzt ist es Freud, der sich das gefallen lassen muß. Zumindest glaube ich, daß das Dein Ziel ist - im Rahmen einer komplexen Strategie, wie Du sagen würdest. Glaubst Du wirklich, daß es Dir gelingen wird, den Einschnitt zwischen Tertullian und Freud auszuradieren?

M. FOUCAULT: Ich würde für meinen Teil sagen, daß die Geschichte der Einschnitte und der Nicht-Einschnitte immer zugleich ein Ausgangspunkt und ein sehr relativer Zugriff ist. In der "Ordnung der Dinge" bin ich von sehr manifesten Unterschieden, von den Transformationen der empirischen Wissenschaften gegen Ende des 19. Jahrhunderts ausgegangen. Es ist eine Ignoranz vonnöten, von der ich weiß, daß es nicht die Eure ist, um nicht zu wissen, daß eine medizinische Abhandlung von 1780 und eine Abhandlung über anatomische Pathologie von 1820 zwei verschiedenen Welten angehören. Mein Problem war, herauszufinden, worin die Bündel von Veränderungen bestanden, die im Inneren der Herrschaft des Diskurses selbst notwendig und hinreichend waren, damit man diese Worte eher als jene, diesen oder jenen Typ von Analyse eher als jenen anderen in

Anwendung bringen, die Dinge unter diesem und nicht mehr unter jenem anderen Blickwinkel betrachten konnte. In diesem Fall nun, aus Gründen der Konjunktur, weil alle Welt auf den Einschnitt abhebt, sage ich mir: versuchen wir doch das Blatt zu wenden und gehen wir von irgendetwas aus, das sich ebensogut feststellen läßt wie der Einschnitt, unter der Bedingung, daß man andere Abgrenzungen vornimmt. Man sieht diesen prachtvollen Mechanismus auftauchen, die Maschinerie des Geständnisses, in dem dann in der Tat Freud und die Psychoanalyse als eine Episode erscheinen. Gut ...

J.-A. MILLER: Du konstruierst da eine Maschine, die auf einen Schlag eine enorme Menge verschlingt...

M. FOUCAULT: ... auf einen Schlag, eine enorme Menge. Und anschließend werde ich versuchen zu sehen, wo die Transformationen liegen ...

J.-A. MILLER: ... wobei Du wohlgemerkt vor allem sehr darauf achten wirst, daß die entscheidende Veränderung nicht bei Freud anzusetzen ist. Du wirst zum Beispiel demonstrieren, daß die Fokalisierung auf die Familie lange vor Freud begonnen hat, oder...

M. FOUCAULT: Wenn Du so willst. Mir scheint, daß allein schon die Tatsache, daß ich mich auf dieses Spiel eingelassen habe, für mich ohne Zweifel ausschließt, daß Freud als der radikale Einschnitt erscheint, von dem aus alles übrige neugedacht werden muß. Ich werde wahrscheinlich sichtbar machen, daß sich um das 18. Jahrhundert herum aus ökonomischen, historischen und sonstigen Gründen ein allgemeines Dispositiv hergestellt hat, in dem Freud seinen Platz einnehmen wird. Und ich werde zweifellos zeigen, daß Freud die Theorie der Entartung wie einen Handschuh umgedreht hat, - was nicht gerade die Art und Weise ist, in der man im allgemeinen den Freudschen Einschnitt als wissenschaftliches Ereignis plaziert.

J.-A. MILLER: Ja, Du hebst mit Vergnügen den künstlichen Charakter Deiner Vorgehensweise hervor. Deine Ergebnisse hängen von der Wahl der Abgrenzungen ab, und die Wahl der Abgrenzungen hängt von der Konjunktur ab. All das ist nur Schein - ist es das, was Du uns zu sagen hast?

M. FOUCAULT: Das ist nicht falscher Schein, das ist fabriziert.

J.-A. MILLER: Eben. Und folglich ist es motiviert von dem, was Du willst, von Deinen Hoffnungen, Deinen ...

M. FOUCAULT: Genau das. Und genau da taucht das polemische oder politische Ziel auf. Aber Polemitk betreibe ich niemals, wie Du weißt, und von Politik bin ich weit entfernt.

J.-A. MILLER: Aha. Und welche Wirkungen glaubst Du auf diese Weise hinsichtlich der Psychoanalyse zu erreichen?

M. FOUCAULT: Nun ja, ich würde sagen, daß man in den herkömmlichen Geschichtsbüchern üblicherweise lesen kann, daß die Sexualität von der Medizin und vor allem von der Psychiatrie ignoriert worden ist und daß schließlich Freud die sexuelle Ätiologie der Neurosen entdeckt hat. Dabei weiß alle Welt, daß das nicht stimmt, daß vielmehr das Problem der Sexualität der Medizin und der Psychiatrie des 19. Jahrhunderts in offenkundiger und massiver Weise eingeschrieben war, und daß Freud im Grunde nur beim Wort genommen hat, was er eines Abends von Charcot zu hören bekommen hatte: es dreht sich wohl um die Sexualität. Die Stärke der Psychoanalyse besteht darin, das was sie als Logik des Unbewußten ausgemacht hat, auf alle anderen Gegenstände ausgedehnt zu haben. Und damit ist die Sexualität nicht mehr das, was sie am Anfang war.

J.-A. MILLER: Gewiß. - Du sagst: die Psychoanalyse. Für das, was Du da gerade ansprichst, könnte man sagen: Lacan - oder nicht?

M. FOUCAULT: Ich würde sagen: Freud und Lacan. Anders gesagt: die "Drei Abhandlungen zur Sexualtheorie" sind weniger von Bedeutung als die "Traumdeutung".

J.-A. MILLER: Das heißt: nicht die Theorie der Entwicklung, sondern die Logik des Signifikanten.

M. FOUCAULT: Das heißt: nicht die Theorie der Entwicklung, die das sexuelle Geheimnis hinter den Neurosen oder den Psychosen sucht, sondern die Logik des Unbewußten...

J.-A. MILLER: Das ist sehr lacanianisch, die Sexualität und das Unbewußte als Gegensatz zu behandeln. Und überdies ist eines der Axiome dieser Logik, daß es keinen Geschlechtsverkehr gibt.

M. FOUCAULT: Ich wußte nicht, daß es dieses Axiom gibt.

J.-A. MILLER: Das impliziert, daß die Sexualität nicht

in dem Sinne historisch zu nennen ist, in dem alles, durch und durch und von Anfang an, historisch ist - nicht wahr?Es gibt keine Geschichte der Sexualität, wie es eine Geschichte des Brotes gibt.

M. FOUCAULT: Nein, aber so, wie es eine Geschichte des Wahnsinns, will sagen des Wahnsinns als Frage, die in Termini der Wahrheit sich stellt. Im Innern eines Diskurses, in dem vom Wahnsinn des Menschen erwartet wird, etwas hinsichtlich der Wahrheit dessen zu sagen, was der Mensch, was das Subjekt oder die Vernunft ist. An jenem Tag, an dem der Wahnsinn aufgehört hat, als Maske der Vernunft zu erscheinen, an dem er sich eingeschrieben hat als ein wunderbarer Anderer, der gleichwohl in jedem vernünftigen Menschen anwesend ist, und seitdem er, er allein, einen, wenn nicht den wesentlichen Teil der Geheimnisse der Vernunft in sich beschließt, an jenem Tag hat so etwas wie eine Geschichte des Wahnsinns begonnen, oder eine neue Episode in der Geschichte des Wahnsinns. Und diese Episode haben wir bis heute noch nicht hinter uns gelassen. In derselben Weise sage ich: von dem Tag an, da man dem Menschen gesagt hat: mit Deinem Geschlecht wirst Du Dir nicht einfach Lust bereiten, sondern Du wirst Dir Wahrheit fabrizieren, und zwar eine Wahrheit, die Deine Wahrheit sein wird-, von dem Tag an, da Tertullian damit begonnen hat, zu den Christen zu sagen: was Eure Keuschheit anlangt ...

J.-A. MILLER: Sieh an, Du bist wieder dabei, einen Ursprung zu suchen und diesmal ist es der Fehler von Tertullian ...

M. FOUCAULT: Das war ein Witz.

J.-A. MILLER: Natürlich! Du wirst sagen: das ist viel

komplexer, da gibt es heterogene Ebenen, Bewegungen von unten nach oben und von oben nach unten. Aber ernsthaft: diese Suche nach dem Punkt, an dem es begonnen hätte, diese Krankheit der Rede, - ist es nicht so, daß Du ...

M. FOUCAULT: Ich habe das in fiktiver Weise gesagt, ein Märchen erzählt, Spaß gemacht. Das sollte zum Lachen sein.

J.-A. MILLER: Wenn es aber nicht zum Lachen sein soll, was müßte man dann sagen?

M. FOUCAULT: Was man sagen müßte? Wahrscheinlich wird man die Keuschheit schon bei Euripides finden, wenn man ihn mit einigen Elementen der jüdischen Mystik, ein paar anderen aus der alexandrinischen Philosophie und dann noch mit der Sexualität bei den Stoikern verknüpft, und wenn man außerdem den Begriff der enkratéia hinzunimmt, diese Haltung, etwas auf sich zu nehmen, die es wiederum bei den Stoikern nicht gibt ... Aber das, worüber ich spreche, ist die Grundlage, auf der man den Leuten gesagt hat, in ihrem Geschlecht läge das Geheimnis ihrer Wahrheit beschlossen.

Das Geständnis

A. GROSRICHARD: Du sprichst von Techniken des Geständnisses. Wie mir scheint, bekennen sich darin auch dementsprechende Techniken des Hörens ein. Man findet zum Beispiel in der Mehrzahl der Beichtmanuale oder in den Katalogen der Gewissensfragen einen Artikel über die "beharrliche Ergötzung"* (delectatio morosa) der von der Natur und der Schwere der Sünde handelt, die darin besteht, Gefallen daran zu finden, daß man -

sei es in Worten oder Gedanken - bei der Vorstellung (représentation) einer vergangenen sexuellen Verfehlung verweilt (dies Verweilen ist die Morositas). Und das betrifft unmittelbar den Beichtvater: wie stellt er es an, sein Ohr dem Bericht von abscheulichen Szenen zu leihen, ohne seinerseits zu sündigen, das heißt ohne daran Gefallen zu finden? Und so gibt es eine ganze Technik und eine ganze Kasuistik des Hörens, die offenbar abhängt, einerseits von dem Verhältnis der Sache selbst zu dem Gedanken daran, und andererseits von dem Verhältnis des Gedankens wiederum zu den Worten, die dazu dienen, ihn auszusprechen. Dies doppelte Verhältnis nun ist nicht immer das gleiche gewesen: das gerade hast Du ja gezeigt, wenn Du in der "Ordnung der Dinge" die Anfänge und das Ende der "Episteme der Repräsentation" festmachst. Diese lange Geschichte des Geständnisses, dieser Wille, vom anderen die Wahrheit über sein Geschlecht zu erfahren, der bis heute noch nicht verstummt ist, geht also Hand in Hand mit einer Geschichte der Techniken des Hörens, die sich tiefgreifend verändert haben. Ist da die Linie, die Du vom Mittelalter bis zu Freud verfolgst, kontinuierlich? Wenn Freud - oder ein Psychoanalytiker - hört, ist dann die Art und Weise des Hörens und das was er hört - man denke an den Platz, zum Beispiel, den bei diesem Hören der Signifikant einnimmt -, ist das alles noch dem vergleichbar, was das Hören für den Beichtvater war?

M. FOUCAULT: In diesem ersten Band handelt es sich um einen Überblick über etwas, dessen permanente Existenz im Abendland schwerlich zu leugnen ist: um geregelte Prozeduren des Geständnisses über das Geschlecht, über die Sexualität und über die sexuellen Lüste. Es ist allerdings wahr, daß diese Prozeduren sich im Laufe der Zeit einigemale tiefgreifend gewandelt haben, und zwar unter Bedingungen, die oft sehr schwer zu erklären sind. So bemerkt man im 18. Jahrhundert ein deutliches Nachlassen, zwar nicht des Zwangs oder Gebots zum Geständnis, aber der Kunstfertigkeit in den Techniken des Gestehens. In dieser Epoche, in der die Anleitung zur Gewissenserforschung und die Beichte im Wesentlichen ihre Bedeutung verloren haben, sieht man brutale medizinische Techniken auftauchen, von der Art: Na los, komm her, erzähl uns Deine Geschichte, schreib sie auf ...

J.-A. MILLER: Aber glaubst Du denn, daß während dieser langen Periode das gleiche Konzept, nicht des Geschlechts, sondern diesmal der Wahrheit, fortbestanden hat? Wurde sie immer in der gleichen Weise lokalisiert und gewonnen? Ist sie immer als Ursache unterstellt worden?

M. FOUCAULT: Daß die Produktion von Wahrheit mit Wirkungen auf das Subjekt verbunden ist, - das zu behaupten hat man niemals aufgegeben, - wenn auch, natürlich, in allen Variationen ...

J.-A. MILLER: Hast Du nicht das Gefühl, daß Du da etwas zusammenkonstruierst, das, so amüsant es auch sein mag, dazu verdammt bleibt, das Wesentliche auszusperren? Daß Dein Netz so grobmaschig ist, daß Dir alle Fische durch die Lappen gehen? Warum nimmst Du denn auf einmal anstelle Deines Mikroskops ein Fernrohr, und dann auch noch verkehrt herum? Das bleibt einem gerade bei Dir unbegreiflich, wenn Du uns nicht sagst, was Du Dir denn davon erhoffst, so zu verfahren.

M. FOUCAULT: Kann man da von Hoffnung sprechen? Das Wort Geständnis, so wie ich es benutze, ist vielleicht ein bißchen weit gefaßt. Aber ich glaube, ihm in meinem Buch einen hinreichend präzisen Inhalt gegeben zu haben. Wenn ich von Geständnis spreche, dann verstehe ich darunter, auch wenn ich weiß, daß das ein wenig überzogen ist, all jene Prozeduren, durch die man das Subjekt dazu veranlaßt, über seine Sexualität einen Wahrheitsdiskurs zu produzieren, der dazu taugt, auf das Subjekt selbst einzuwirken.

J.-A. MILLER: Solche großartigen Konzepte, wie Du sie hier ins Spiel bringst, finde ich ziemlich unbefriedigend: ich sehe nur, daß sie sich auflösen, sobald man sich die Dinge etwas näher ansieht.

M. FOUCAULT: Sie sind doch dazu geschaffen aufgelöst zu werden! Das sind sehr allgemeine Definitionen...

J.-A. MILLER: In den Prozeduren des Geständnisses wird unterstellt, daß das Subjekt die Wahrheit weiß. Ergibt sich da nicht eine radikale Wendung, wenn man voraussetzt, daß das Subjekt diese Wahrheit nicht weiß?

M. FOUCAULT: Ich sehe schon, worauf Du hinauswillst. Aber das ist gerade einer der grundlegenden Punkte an der christlichen Anleitung zur Gewissenserforschung, daß das Subjekt die Wahrheit nicht weiß.

J.-A. MILLER: Du wirst demonstrieren, daß dieses Nicht-Wissen den Status des Unbewußten hat? Den Diskurs eines Subjekts in ein Lektüre-Raster einzutragen, ihn gemäß den Anweisungen eines Befragers zu recodieren, um zu prüfen, inwieweit diese oder jene Handlung Sünde ist oder nicht, - das hat nichts damit gemein, dem Subjekt ein Wissen zu unterstellen, dessen Wahrheit es nicht weiß.

M. FOUCAULT: In der Anleitung zur Gewissenserforschung ist das, was das Subjekt nicht weiß, etwas sehr anderes als das Wissen darum, ob etwas Sünde ist oder nicht, und was nun Todsünde, was erläßliche Sünde ist. Das Subjekt weiß nicht, was in ihm vorgeht. Und sobald der Angeleitete (le dirigé) den ihn anleitenden Beichtvater (directeur) aufsucht, und ihm sagt: Hören Sie, da ...

J.-A. MILLER: Der Anleitende, der Angeleitete, - das ist in der Tat genau die psychoanalytische Situation.(1)

M. FOUCAULT: Hör mal zu, ich will zuerst zu Ende reden. Der Angeleitete sagt: Hören Sie, ich kann zur Zeit nicht beten. Ich befinde mich in einem Zustand der Austrocknung, der mich den Kontakt zu Gott hat verlieren lassen. Und der Anleitende sagt zu ihm: Aha, es geht irgendetwas in Ihnen vor, von dem Sie nichts wissen. Wir werden gemeinsam daran arbeiten, um es herauszubringen.

J.-A. MILLER: Es tut mit leid, aber ich finde diesen Vergleich nicht sehr überzeugend.

Die große Wende

M. FOUCAULT: Ich verspüre sehr wohl, daß man damit an die - für Dich, wie für mich, wie für jedermann - grundlegende Frage rührt. Ich bin nicht darauf aus, mit diesem Begriff des Geständnisses einen Rahmen zu konstruieren, der es mir erlauben würde, von den Beichtvätern bis zu Freud alles auf ein und dasselbe zu reduzieren. Es ist mir im Gegenteil gerade darum zu tun, genau wie in der "Ordnung der Dinge", die Unterschiede deutlicher hervorzuheben. Gegenwärtig bilden die Prozeduren des Herauspressens der Wahrheit das Feld meiner Gegenstände: in dem nächsten Band, der sich mit dem christlichen Fleisch befassen wird, werde ich versuchen herauszuarbeiten, welche Ausprägungen diese diskursiven Prozeduren vom 10. bis zum 18. Jahrhundert angenommen haben. Und dann werde ich zu jener Transformation kommen, die mir in ganz anderer Weise rätselhafter scheint als diejenige, die sich mit der Psychoanalyse produziert hat (immerhin bin ich ausgehend von der Frage, die sie mir aufgegeben hat, dazu gekommen, aus dem, was eigentlich nur ein kleines Büchlein sein sollte, dieses ganze, ein wenig verrückte Projekt zu entwickeln, das ich zur Zeit verfolge): für einen Zeitraum von etwa zwanzig Jahren war in ganz Europa bei den Ärzten und Erziehern von nichts anderem mehr die Rede, als von dieser unglaublichen, die gesamte Gattung des Menschen bedrohenden Epidemie: der Masturbation der Kinder. - Etwas das niemand zuvor praktiziert hatte!

JOCELYNE LIVI: Glauben Sie nicht, daß Sie bei der Masturbation der Kinder den Geschlechtsunterschied zu wenig berücksichtigen? Oder sind Sie der Auffassung, daß die Institution der Pädagogik bei den Mädchen und den Jungen in der gleichen Weise vorgegangen ist?

M. FOUCAULT: Für die Zeit vor dem 19. Jahrhundert sind mir die Unterschiede auf den ersten Blick geringfügig vorgekommen ...

J. LIVI: Es scheint mir, daß das bei den Mädchen viel unauffälliger vonstatten geht. Man spricht weniger davon, während es bei den Jungen sehr detaillierte Beschreibungen gibt.

M. FOUCAULT: Hhm, ja ... Im 18. Jahrhundert war das Problem des Geschlechts das Problem des männlichen Geschlechts, und die Disziplin des Geschlechts wurde in den Knaben-Collegien, den Militärschulen, usw. ...durchgesetzt, Dann aber, von dem Moment an, da das Geschlecht der Frau in Zusammenhang mit den damit verbundenen Problemen der Mutterschaft, des Stillens, usw. .. eine medizinisch-soziale Bedeutung anzunehmen beginnt, ist auch die weibliche Masturbation an der Tagesordnung. Es scheint, daß sie im 19. Jahrhundert sogar überwiegt. Auf jeden Fall waren es die Mädchen, denen gegen Ende des 19. Jahrhunderts die großen chirurgischen Operationen zugemutet worden sind, und das waren wahre Martern: das Ausbrennen der Klitoris mit glühendem Eisen etwa ist zu dieser Zeit, wenn auch nicht gerade gängig, so doch relativ weit verbreitet gewesen. Man erblickte in der Masturbation etwas Dramatisches.

G. WAJEMAN : Könnten Sie das, was Sie über Freud und Charcot gesagt haben, präzisieren?

M. FOUCAULT: Freud kommt zu Charcot. Dort sieht er, wie ein paar Assistenten einigen Frauen Inhalationen mit Amyl-Nitrat verpassen, um sie darauf vollgepumpt mit dem Zeug vorzuführen. Die Frauen stellen sich in Pose, sagen etwas. Man sieht ihnen zu, hört sie sich an und nach einer Weile erklärt dann Charcot, daß die Sache ziemlich unschicklich wird. Da hat man also einen vorzüglichen Ansatzpunkt, an dem die Sexualität wirklich zu Tage gefördert, angeregt und aufgereizt, in mannigfaltiger Weise hervorgekitzelt wird, und Charcot sagt plötzlich: Das reicht. Freud wird nun sagen: Und warum sollte das reichen? Freud hatte es nicht nötig, sich auf die Suche nach irgendetwas anderem zu begeben, als dem, was er bei Charcot gesehen hatte. Die Sexualität war da, unter seinen Augen, präsent, manifest, von Charcot und seinen braven Burschen in Szene gesetzt ...

G. WAJEMAN : Was Sie in Ihrem Buch sagen, ist aber nicht ganz dasselbe. Da findet man immerhin die Intervention des "berühmtesten Ohres" ... Ohne Zweifel ist die Sexualität wohl von einem Mund zu einem Ohr weitergegeben worden, von dem Mund Charcots zu dem Ohr von Freud, und es ist wahr, daß Freud in der Salpêtrière etwas von der Ordnung des Sexuellen sich hat manifestieren sehen. Aber hatte Charcot darin die Sexualität erkannt? Charcot ließ hysterische Krisen, wie zum Beispiel den "Arc de cercle" sich produzieren. Freud nun erkennt darin so etwas wie den Koitus. Kann man aber sagen, Charcot habe das gesehen, was Freud sehen wird?

M. FOUCAULT: Nein. Vielmehr habe ich da ein Gleichnis gebraucht. Ich wollte damit sagen, daß die große Originalität von Freud nicht darin bestanden hat, hinter der Neurose die Sexualität aufzudecken. Die Sexualität war da - schon Charcot sprach von ihr. Freuds Originalität hat vielmehr darin bestanden, das beim Wort zu nehmen und darauf seine "Traumdeutung"* aufzubauen, die etwas anderes ist, als die sexuelle Ätiologie der Neurosen. Wenn ich sehr vermessen sein will, würde ich sagen, daß ich etwas ganz ähnliches mache. Ich gehe von einem Sexualitäts-Dispositiv aus, von einer fundamentalen historischen Gegebenheit, von der ausgehend zu sprechen man nicht umhin kann. Ich nehme sie beim Wort, stelle mich nicht etwa außerhalb, weil das garnicht möglich ist, aber gerade das führt mich zu etwas anderem.

J.-A. MILLER: Und Du bis ganz unempfänglich für die Tatsache, daß man in der "Wissenschaft von den Träu-

---

*im Original deutsch

men"*eine Beziehung zwischen dem Geschlecht und dem Diskurs sich knüpfen sieht, die wahrhaft beispiellos ist?

M. FOUCAULT: Möglich. Ich schließe das keineswegs aus. Aber die Beziehung, die sich mit der Anleitung zur Gewissenserforschung nach dem tridentinischen Konzil instituiert hat, war ebenso beispiellos. Das ist ein gigantisches kulturelles Phänomen gewesen, - das kann man einfach nicht leugnen!

J.-A. MILLER: Die Psychoanalyse etwa nicht?

M. FOUCAULT: Doch natürlich. Ich will damit nicht behaupten, daß die Psychoanalyse schon bei den Gewissenserforschern dagewesen wäre. Das wäre ja absurd!

J.-A. MILLER: Ja, ja. Du sagst es nicht, aber Du sagst es dennoch! Schließlich denkst Du doch, man könne sagen, daß die Geschichte der Sexualität, beziehungsweise dessen, was Du darunter verstehst, in der Psychoanalyse aufgipfelt!?

M. FOUCAULT: Sicherlich! Mit ihr erreicht man in der Geschichte der Prozeduren, die das Geschlecht mit der Wahrheit in Beziehung setzen, einen Kulminationspunkt. Heutzutage gibt es keinen einzigen Diskurs über die Sexualität, der nicht in der einen oder anderen Weise dem der Psychoanalyse verschrieben ist.

J.-A. MILLER: Sehr schön. Was mich daran amüsiert ist, daß eine solche Behauptung sich nur im

* "sciences des rêves" frz. Titel der "Traumdeutung"

französischen Kontext und zwar in der gegenwärtigen Konjunktur verstehen läßt. Nicht wahr?

M. FOUCAULT: Es gibt freilich Länder, in denen die Diskurse über das Geschlecht, aus Gründen der Institutionalisierung und der Funktionsweise des kulturellen Lebens, in Bezug auf die Psychoanalyse nicht diese Stellung der Unterordnung, der Ableitung, der Faszination beziehen, die sie in Frankreich einnehmen, wo die Intelligenzia der Psychoanalyse durch ihren Platz in der Wissens-Pyramide und der Hierarchie der zugelassenen Werte ein absolutes Vorrecht einräumt, an dem niemand vorbeigehen kann, nicht einmal Ménie Grégoire.

Die Befreiungsbewegungen

J.-A. MILLER: Wie wäre es, wenn Du uns noch etwas über die Bewegungen zur Befreiung der Frau und über die Homosexuellenbewegungen sagen würdest?

M. FOUCAULT: Gut. Genaugenommen will ich in Bezug auf all das, was gegenwärtig zur Befreiung der Sexualität gesagt wird, deutlich machen, daß das Objekt "Sexualität" in Wirklichkeit ein von langer Hand geschmiedetes Instrument ist, das ein Dispositiv tausendjähriger Unterwerfung konstituiert hat. Die Bewegungen zur Befreiung der Frau haben ihre Stärke nicht darin, daß sie den Anspruch auf die Spezifität der Sexualität und die dieser speziellen Sexualität gebührenden Rechte geltend gemacht haben, sondern darin, daß sie von dem Diskurs selbst ausgegangen sind, der innerhalb der Sexualitäts-Dispositive gehalten wurde. Zwar treten die Frauenbewegungen im 19. Jahrhundert in der Tat mit dem Anspruch auf die geschlechtliche Spezifität der Frauen auf - um aber wo zu landen? Bei einer regelrechten Desexualisierung letzten Endes ..., bei einer Verlagerung des Problems in Bezug auf seine sexuelle Zentrierung, um nunmehr Formen der Kultur, des Diskurses, der Sprache, usw., zu beanspruchen, die nicht mehr bloß jene Besonderung der Verwiesenheit und Festnagelung auf ihr Geschlecht sind, die sie anfänglich in gewisser Weise aus politischen Gründen wohl oder übel hatten akzeptieren müssen, um sich Gehör zu verschaffen. Was es in den Frauenbewegungen an Kreativem und Interessantem gibt, liegt genau da.

J.-A. MILLER: An Erfinderischem?

M. FOUCAULT: Ja, an Erfinderischem... Die amerikanische Homosexuellenbewegungen sind ebenfalls von dieser Herausforderung ausgegangen. Wie die Frauen haben die Homosexuellen begonnen neue Formen der Gemeinschaft, des Zusammenlebens, der Lust zu suchen. Aber im Unterschied zu den Frauen ist die Festnagelung der Homosexuellen auf ihre sexuelle Spezifität viel stärker; sie bilden alles auf das Geschlecht ab. Die Frauen nicht.

G. LE GAUFEY: Gleichwohl sind sie es gewesen, denen es gelungen ist, die Homosexualität aus der Nomenklatur der Geisteskrankheiten verschwinden zu lassen. Das ist doch verdammt noch was anderes, als zu sagen: "Ihr wollt, daß wir Homosexuelle sind, wir sind es."

M. FOUCAULT: Ja, aber die Homosexuellen-Bewegungen bleiben allzusehr in der Einforderung der Rechte ihrer Sexualität, in der Dimension des Sexologischen, befangen. Was übrigens nur normal ist, weil die Homosexualität eine sexuelle Praxis ist, die als solche bestritten, durchkreuzt, disqualifiziert wird. Die Frauen dagegen können sehr viel weiter gesteckte ökonomische, politische usw. Ziele haben, als die Homosexuellen.

G. LE GAUFEY: Die Frauen werden nicht durch ihre Sexualität dazu gebracht, die altbekannten Beziehungssysteme zu verlassen, während die Homosexuellen unmittelbar durch ihre Sexualität aus ihnen herausfallen. Die Homosexuellen befinden sich gegenüber dem gesellschaftlichen Körper in einer anderen Position.

M. FOUCAULT: Genau.

G. LE GAUFEY: Man braucht sich nur die Bewegungen der weiblichen Homosexuellen anzusehen: sie verfallen in die gleichen Aporien wie die männlichen Homosexuellen. Da gibt es keinen Unterschied, weil sie wie diese das ganze Beziehungssystem ablehnen.

Der sexuelle Instinkt

A. GROSRICHARD: Gilt das, was Du von den Perversionen gesagt hast, auch für den Sadomasochismus? Von den Leuten, die sich um der Lust willen geißeln, ist schon seit langer Zeit die Rede ...

M. FOUCAULT: Hör mal, das ist ziemlich schwer zu sagen. Hast Du Dokumente?

A. GROSRICHARD: Ja. Es existiert eine Abhandlung "De l'usage du fouet dans les choses de Vénus" (Über den Gebrauch der Geißel in den Dingen der Venus"), die von einem Arzt geschrieben wurde, so um 1665 glaube ich, und einen recht vollständigen Katalog von

Fällen enthält. Man bezog sich darauf zur Zeit der Affaire um die Verzückten von Saint-Médard, und zwar um zu zeigen, daß die vorgeblichen Wunder sexuelle Geschichten verbargen.

M. FOUCAULT: Ja, aber diese Lust, sich geißeln zu lassen, wurde nicht als Krankheit des sexuellen Instinkts verbucht. Das kam erst viel später. Ich glaube, obwohl ich mir da nicht ganz sicher bin, daß man in der ersten Ausgabe des Krafft-Ebing* nur den Fall Masoch findet. Das Auftauchen der Perversion als Objekt der Medizin ist an das Auftauchen des Instinkts gebunden, der, wie schon gesagt, aus den 40er Jahren des 19. Jahrhunderts datiert.

G. WAJEMAN: Wenn man indessen einen Text von Platon oder Hippokrates liest, findet man den Uterus als ein Tier beschrieben, das den Neigungen des Instinktes folgend im Bauch der Frau rumort. Dieser Instinkt aber...

M. FOUCAULT: Ja, schon, nur ist es Ihnen doch klar, daß das ein Unterschied ist, ob man sagt: der Uterus ist ein rumorendes Tier, oder ob man sagt: Sie können organische Krankheiten haben oder funktionelle, und unter den funktionellen Krankheiten gibt es solche, die die Funktionen der Organe berühren und andere, die die Instinkte affizieren, und unter den Instinkten wiederum kann der sexuelle Instinkt in den verschiedensten klassifizierbaren Weisen befallen sein. - Und daß letzteres einem vollkommen neuartigen Typus der Medizinisierung der Sexualität entspricht. Verglichen mit der Idee eines Organs, das wie ein Fuchs in seinem Bau rumort, hat man einen Diskurs vor sich, der aller-

*Psychopathia Sexualis, Wien 1882

dings von ganz anderem epistemologischen Schrot und Korn ist!

J.-A. MILLER: Ah ja. Und was läßt Du Dir nun in Bezug auf eben diesen Instinkt zum "epistemologischen Schrot und Korn" der Freudschen Theorie einfallen? Du denkst doch, wie man übrigens vor Lacan dachte, daß Freuds Trieb (instinct)* vom selben Schrot und Korn ist, wie Dein Instinkt von 1840? Wie willst Du das herauslesen?

M. FOUCAULT: Ich weiß darüber noch gar nichts!

J.-A. MILLER: Du glaubst, daß der Todestrieb (instinct de mort) in gerader Linie von dieser Theorie des Instinkts abstammt, die Du um 1844 auftauchen läßt?

M. FOUCAULT: Um Dir zu antworten, müßte ich den ganzen Freud wieder lesen ...

J.-A. MILLER: Aber Du hast doch zumindest die "Traumdeutung" gelesen?

M. FOUCAULT: Ja. Aber nicht den ganzen Freud.

Der Rassismus

A. GROSRICHARD: Um nun zu dem letzten Teil Deines Buches zu kommen...

M. FOUCAULT: Ja, dieser letzte Teil. Niemand spricht davon. Das Buch ist zwar kurz, aber ich

* Für den Freudschen Begriff "Trieb" sind im Französischen zwei verschiedene Übersetzungen gebräuchlich, und zwar "instinct" oder "pulsion" (A.d.Ü.)

habe trotzdem den Verdacht, daß die Leute niemals bis zu diesem Kapitel vorgedrungen sind. Dabei ist es die Hauptsache an diesem Buch.

A. GROSRICHARD: Du bindest das Thema des Rassismus an das Sexualitäts-Dispositiv - und an die Frage der Entartung. Die aber scheint im Abendland schon früher entwickelt worden zu sein, vor allem von dem alteingesessenen Adel, der dem Absolutismus von Ludwig XIV. feindlich gegenüber stand, zumal dieser die Bürgerlichen begünstigte. Bei Boulainvilliers etwa, der diesen Adel repräsentiert, findet man bereits eine ganze Geschichte der Überlegenheit des germanischen Blutes, von dem, vermittelt über das gallische Blut, der französische Adel abstammen soll.

M. FOUCAULT: Diese Idee, daß die französische Aristokratie von den Germanen abstammt, kommt tatsächlich in der Renaissance auf, und zwar ist das zunächst ein Thema gewesen, das bei den französischen Protestanten im Umlauf gewesen war, die sagten: Frankreich ist einmal ein germanisches Land gewesen, und gemäß germanischem Recht sind der Macht des Souveräns Grenzen gesetzt. Diese Idee wurde dann später von einer Fraktion des französischen Adels wieder aufgegriffen ...

A. GROSRICHARD: Bezogen auf den Adel spirchst Du in Deinem Buch von einem Mythos des Blutes,vom Blut als mythischem Objekt. Was mir aber bemerkenswert erscheint, ist, daß das Blut,neben seiner symbolischen Funktion, von diesem Adel auch als ein biologisches Objekt betrachtet worden ist. Der Rassismus des Adels ist nicht allein auf eine mythische Tradition gegründet, sondern auf eine regelrechte Theorie der Vererbung durch das Blut. Das ist bereits ein biologischer Rassismus...

M. FOUCAULT: Aber das sage ich doch in meinem Büchlein.

A. GROSRICHARD: Ich habe vor allem behalten, daß Du vom Blut als symbolischem Objekt sprachst.

M. FOUCAULT: Stimmt. Zu dem Zeitpunkt, als die Geschichtsschreiber des Adel wie Boulainvilliers den Gesang des edlen Blutes anstimmten, wobei sie dem Blut zusprachen, Träger physischer Qualitäten, wie Mut, Tugend, Energie, zu sein, hat es in der Tat eine Korrelation zwischen den Zeugungstheorien und den aristokratischen Themen gegeben. Was aber neu ist im 19. Jahrhundert, das ist das Aufkommen einer Biologie rassistischen Typs, die ganz und gar auf die Konzeption der Entartung zentriert ist. Der Rassismus ist zunächst keine politische Ideologie gewesen. Das war eine wissenschaftliche Ideologie, die sich überall herumtrieb, bei Morel wie bei den andern. Politischer Gebrauch ist von ihr zuerst von den Sozialisten gemacht worden, von den Männern der Linken, und später erst von Männern der Rechten.

G. LE GAUFEY: Als die Linke nationalistisch war?

M. FOUCAULT: Ja, aber vor allem mit dieser Idee dabei, daß die dekadente Klasse, die absterbende Klasse, eben die da oben sind, und daß die sozialistische Gesellschaft sauber und gesund sein müsse. Lombroso war ein Mann der Linken. Er war kein Sozialist im strengen Sinne, aber hat viel mit den Sozialisten gemeinsam gemacht, und die Sozialisten haben Lambrosos Ideen aufgegriffen. Der Bruch hat erst gegen Ende des 19. Jahrhunderts stattgefunden.

G. LE GAUFEY: Kann man nicht auch die Beliebtheit

der Vampir-Romane im 19. Jahrhundert, in denen die Aristokratie immer als Tier dargestellt wird, das es niederzuringen gilt, als Bestätigung dafür ansehen? Der Vampir ist immer ein Aristokrat und der Retter immer ein Bourgeois ...

A. GROSRICHARD: Bereits im 18. Jahrhundert liefen Gerüchte um, nach denen die ausschweifenden Aristokraten kleine Kinder entführten und anschließend erwürgten, um sich an ihrem Blute zu regenerieren, indem sie darin badeten. Sowas hat Aufruhr hervorgerufen ...

G. LE GAUFEY: Ja, da hat es wohl seinen Ursprung. Bei dieser ganzen Vampir-Literatur aber, deren Themen sich in den Filmen von heute wiederfinden, ist die Ausrichtung streng bürgerlich: immer ist es der Bourgeois, der ganz auf sich gestellt, ohne über die Mittel der Polizei, noch des Pfarrers zu verfügen, den Vampir vernichtet.

M. FOUCAULT: In dieser Form hat der moderne Antisemitismus angefangen. Die neuen Formen des Antisemitismus im sozialistischen Milieu sind wieder von der Entartungstheorie ausgegangen. Man sagte: die Juden sind zwangsläufig Degenerierte, erstens, weil sie reich sind, und dann, weil sie untereinander heiraten; sie haben vollkommen abirrende sexuelle und religiöse Praktiken, folglich sind sie die Träger der Entartung in unseren Gesellschaften. Das findet man in der sozialistischen Literatur bis hin zur Dreyfus-Affaire immer wieder. Der Prähitlerismus, der rechtsgerichtete nationalistische Antisemitismus, wird dann genau dieselben Aussagen um 1910 wieder aufgreifen.

A. GROSRICHARD: Die Rechten werden sagen, daß

man heutzutage dieses Thema im Mutterland des Sozialismus wiederfindet ...

Die Idee von Monsieur Larrivée

J.-A. MILLER: Weißt Du, daß es in der UdSSR zum ersten Mal einen Kongreß über Psychoanalyse geben wird?

M. FOUCAULT: Ich habe davon gehört. Werden da sowjetische Psychoanalytiker teilnehmen?

J.-A. MILLER: Nein. Sie versuchen die Psychoanalytiker von anderswo kommen zu lassen...

M. FOUCAULT: Dann wird das also ein Psychoanalyse-Kongreß in der Sowjet-Union sein, bei dem die Leute, die die Vorträge halten, Ausländer sind! Unglaublich! Obwohl ... Es hat 1894 in St. Petersburg einen Strafrechtler-Kongreß gegeben, bei dem ein französischer Kriminalist, dessen Name zu Unrecht in Vergessenehit geriet - er nannte sich Monsieur Larrivée - den Russen gesagt hat: alle Welt ist sich heute darin einig, daß die Verbrecher unbelehrbare Menschen sind, die schon als Verbrecher auf die Welt kommen. Was soll man mit ihnen machen? In unseren Ländern, die recht klein sind, weiß man nicht, wie man sie sich vom Halse schaffen soll. Aber Ihr, Ihr Russen, Ihr habt doch Sibirien, - könntet Ihr sie da nicht in Arbeitslager großen Stils stecken und damit zugleich dem außerordentlichen Reichtum dieses Landes zu seinem Wert verhelfen?

A. GROSRICHARD: Da gab es noch keine Arbeitslager in Sibirien?

M. FOUCAULT: Nein! Ich war selbst sehr überrascht.

D. COLAS: Aber es war ein Ort des Exils. Lenin ist 1898 dorthin gegangen, er hat dort geheiratet, er ging auf die Jagd, er hatte ein Hausmädchen usw. Und es gab dort auch Strafkolonien. Tschechov hat eine davon auf den Sachalin-Inseln besucht. Die befestigten Konzentrationslager, in denen man arbeitete, das war eine sozialistische Erfindung. Sie sind vor allem aus solchen Initiativen, wie denen von Trotzki, hervorgegangen, der die Überreste der Roten Armee in einer Art von Arbeits-Armee organisiert hat, aus der sich dann die Disziplinierungs-Lager entwickelt haben, die sehr bald zu Orten der Verbannung wurden. So ergab sich eine Mischung aus Wollen und Wirksamkeit der Militarisierung, aus Umerziehung und aus Zwang ...

M. FOUCAULT: Tatsächlich ist diese Idee von den kurz zuvor in Frankreich verabschiedeten Gesetzen über die Verbannung gestiftet worden. Die Idee, die Gefangenen während der Zeit ihrer Strafverbüßung zu einer Arbeit oder sonst irgendetwas Nützlichem zu gebrauchen, ist so alt wie das Gefängnis selbst. Die Idee aber, daß es unter den Delinquenten solche gibt, die im Grunde genommen absolut nicht wiedereingliederbar sind, und daß man die wohl in der einen oder anderen Weise aus der Gesellschaft entfernen muß, indem man sie sich gleichwohl zunutze macht, das war die Verbannung. In Frankreich wurde so ein Typ nach einer gewissen Anzahl von Rückfällen nach Guayana oder nach Neu-Caledonien geschickt und nach seiner Strafverbüßung wurde er dann dort Siedler. Da haben wir genau das, was Monsieur Larrivée den Russen vorschlug, um mit Hilfe der Verbrecher Sibirien auszubeuten - und umgekehrt. Trotzdem ist es schier unglaublich, daß die Russen nicht schon vorher daran gedacht haben sollen. Aber wenn das der Fall gewesen wäre, dann hätte es doch wohl auf dem Kongreß irgendeinen Russen gegeben, der aufgestanden wäre und gesagt hätte: aber lieber Monsieur, Larrivée, auf diese prächtige Idee sind wir auch schon gekommen! Aber nichts dergleichen. In Frankreich hat man keinen Gulag, aber man hat Ideen ...

Die Macht über das Leben

A. GROSRICHARD: Maupertuis - auch ein Franzose -, Sekretär der Königlichen Akademie zu Berlin, schlug dem Herrscherhaus in einem "Lettre sur le Progrès des Sciences" ("Brief über den Fortschritt der Wissenschaften") vor, die Verbrecher zu benutzen, um nützliche Experimente anzustellen. Das war 1752.

JUDITH MILLER: Und es scheint, daß La Condamine - mit dem Hörrohr am Ohr, weil er nach seiner Expedition nach Peru taub geworden war-, herging und darauf horchte, was die Hingerichteten genau in dem Moment, in dem der Tod eintrat, von sich gaben.

A. GROSRICHARD: Das Nutzbarmachen der Hinrichtung, die Ausnutzung dieser absoluten Macht, den Tod zu geben, zugunsten einer besseren Kenntnis des Lebens, indem man den zum Tode Verurteilten gewissenmaßen dazu bringt, eine Wahrheit über das Leben zu gestehen, - da hat man so etwas wie einen Schnittpunkt zwischen dem, was Du über das Geständnis gesagt hast, und dem, was Du in dem letzten Teil Deines Buches analysierst. Du schreibst, daß man zu einem bestimmten Zeitpunkt von einer Macht, die sich als "Recht über Leben und Tod" ausübt, übergeht zu einer "Macht über das Leben". Man könnte Dich fragen, ob denn diese Macht über das Leben, diese Sorge, seine Auswüchse und seine Schwächen zu meistern, wirklich erst den modernen abendländischen Gesellschaften eigentümlich ist. Nehmen wir ein Beispiel: das XXIII. Buch von Montesquieus "Geist der Gesetze" trägt den Titel: "Die Gesetze in ihrem Verhältnis zur Einwohnerzahl betrachtet". Er spricht von der Entvölkerung Europas als von einem schwerwiegenden Problem und setzt dem Edikt von Ludwig XIV. zur Förderung der Eheschließungen, das von 1666 stammt, die ungleich wirksameren Maßnahmen entgegen, die von den Römern ergriffen worden sind. Ganz so, als ob die Frage einer Macht über das Leben, die Frage einer Disziplinierung der Sexualität unter dem Gesichtspunkt der Reproduktion, sich schon im Imperium Romanum gestellt habe, dann in Vergessenheit geraten wäre, um in der Mitte des 18. Jahrhunderts wiederaufzutauchen. Und ist denn auch dieses Umschlagen eines Rechts über Leben und Tod in eine Macht über das Leben, von dem Du sprichst, wirklich so etwas Einmaliges, oder ist es nicht vielmehr ein periodisch sich einstellender Vorgang, der zum Beispiel an Epochen oder Zivilisationen gebunden ist, in denen die Urbanisierung, die Konzentration der Bevölkerung, oder auch umgekehrt die durch Kriege oder Seuchen hervorgerufene Entvölkerung ein Volk in seiner Existenz zu gefährden scheinen?

M. FOUCAULT: In der Form: "Sind wir zu zahlreich/ nicht zahlreich genug?" stellt man sich das Problem der Population sicher schon lange und schon seit langem hat man die verschiedensten gesetzgeberischen Lösungen dafür entwickelt: Besteuerung der Junggesellen, Steuererleichterungen für kinderreiche Familien usw. ... Was aber im 18. Jahrhundert interessant ist, das ist erstens eine Verallgemeinerung dieser Probleme: alle Aspekte des Phänomens Population (Seuchen, Wohnverhältnisse, hygienische Bedingungen...) werden erstmals in Rechnung gestellt und im Rahmen eines Zentralproblems integriert. Zweitens kann man feststellen, daß neue Typen des Wissens darauf in Anwendung gebracht werden: Aufkommen der Demographie, Beobachtungen über die Ausbreitung von Seuchen, Ermittlungen über die Ammen und die Umstände des Stillens. Drittens das Auftreten von Macht-Apparaten, die nicht allein die Beobachtung, sondern auch direkte Eingriffe und die Manipulation all dessen gestatten. Ich würde sagen, daß von diesem Zeitpunkt an etwas seinen Anfang nimmt, was man die Macht über das Leben nennen kann, während es früher lediglich von Zeit zu Zeit ein paar unbestimmte Ansätze gegeben hat, eine Situation zu verändern, über die man recht wenig wußte. So waren die Leute noch im 18. Jahrhundert, trotz erheblicher statistischer Anstrengungen davon überzeugt, daß eine Entvölkerung vor sich ging, wogegen die Historiker heutzutage wissen, daß es im Gegenteil einen beträchtlichen Bevölkerungszuwachs gab.

A. GROSRICHARD: Hast Du über die Verhütungspraktiken im 18. Jahrhundert Einsichten besonderer Art, die über das, was Historiker wie Flandrin machen, hinausgehen?

M. FOUCAULT: Hör mal, auf diesem Gebiet bin ich dazu genötigt, ihnen Vertrauen zu schenken. Sie haben sehr hochentwickelte Techniken, um die amtlichen Register, die Taufeintragungen usw. zu interpretieren. Flandrin macht, was mir sehr interessant scheint, in Hinblick auf das Wechselspiel zwischen Stillen und Verhüten deutlich, daß die eigentliche Frage das Überleben der Kinder und nicht deren Zeugung war. Anders gesagt, man praktizierte nicht Verhütung, damit keine Kinder geboren wurden, sondern damit die einmal geborenen Kinder leben konnten. Die Verhütung eingeführt von einer Politik des Geburtenzuwachses! Das ist reichlich komisch!

A. GROSRICHARD: Aber das haben doch die Mediziner und Demographen dieser Zeit offen erklärt ...

M. FOUCAULT: Ja, aber es gab eine Art von Rückkoppelung, die bewirkte, daß die Kinder trotzdem rasch nacheinander geboren wurden. Die ärztliche wie die populäre Tradition wollte es so, daß eine Frau während der Zeit des Stillens nicht dazu berechtigt wäre Geschlechtsverkehr zu haben, weil andernfalls die Milch verderben würde. Folglich schickten die Frauen, die reichen wohlgemerkt, um wieder Geschlechtsverkehr haben zu können und ihre Ehemänner zu halten, ihre Kinder zu einer Amme. Es gab eine regelrechte Industrie des Kinderstillens. Die armen Frauen übernahmen die Kinder der reichen, um Geld zu verdienen. Aber es gab kein sicheres Mittel, um zu überprüfen, wie man die Kinder aufzog und noch nicht einmal, ob das Kind überhaupt noch lebte oder schon tot war. Dergestalt, daß die Ammen und vor allem die Vermittler zwischen den Ammen und den Eltern, weiterhin das Kostgeld für einen Balg einstrichen, der längst tot war. Manche Ammen hatten auf ihrer Abschußliste 19 tote Kinder auf zwanzig, die man ihnen anvertraut hatte. Es muß fürchterlich gewesen sein! Um diesen Zuständen ein Ende zu bereiten und einigermaßen Ordnung zu schaffen, hat man dann die Mütter dazu ermuntert, ihre Kinder selbst zu nähren. Infolgedessen hat man die Unvereinbarkeit von Geschlechtsverkehr und Stillen fallen lassen, aber wohlgemerkt, unter der Bedingung, daß die Frauen nicht unmittelbar danach wieder schwanger wurden. Von daher ergab sich die Notwendigkeit der Verhütung. Unterm Strich dreht sich die ganze Sache darum, daß man ein Kind am Leben erhält, wenn man es schon einmal gemacht hat.

A. GROSRICHARD: Was ich bemerkenswert finde, ist, daß man unter den Argumenten, die man benutzt hat, um die Mütter zum Stillen zu bewegen, ein ganz neues auftauchen sieht. Man sagt natürlich: das Säugen erlaubt dem Kind wie der Mutter, bei guter Gesundheit zu bleiben - aber man sagt auch: säugt Eure Kinder, Ihr werdet sehen, was Euch das für Lust bereitet! So daß sich das Problem der Entwöhnung nun nicht mehr nur in physiologischen, sondern vorrangig in psychologischen Termini stellt. Wie soll man das Kind von der Mutter trennen? Ein recht bekannter Arzt hat zum Beispiel eine mit Nadelspitzen gespickte Lochscheibe erfunden, die die Mutter, oder die Amme, sich beim Stillen auf die Brustwarze stecken sollte. Wenn das Kind nun saugt, verspürt es zunächst eine mit Schmerz vermischte Lust, - läßt man dann das Kaliber der Nadeln größer werden, hat es die Nase voll und löst sich von der Brust, die es nährt.

M. FOUCAULT: Ist das wirklich wahr?

J. LIVI: Madame Roland erzählt, daß, als sie noch ein kleines Mädchen war, ihre Amme sich Senf auf die Brust geschmiert hat, um sie zu entwöhnen. Dabei machte sie sich über das kleine Mädchen lustig, dem der Senf in die Nase stieg!

A. GROSRICHARD: Das ist auch die Zeit, in der man

den heute gebräuchlichen Schnuller erfunden hat.

M. FOUCAULT: Ich weiß nicht, wann das war!

A. GROSRICHARD: 1786 ist die französische Übersetzung einer Abhandlung "Manière d'alleiter les enfants à la main au défaut des nourrices" ("Über die Art und Weise in Ermangelung von Ammen die Kinder von Hand zu stillen") erschienen, die von einem Italiener, Baldini, verfaßt worden ist. Sie hatte großen Erfolg ...

M. FOUCAULT: Ich lege alle meine öffentlichen und privaten Ämter nieder! Die Scham übermannt mich! Ich bedecke mein Haupt mit Asche! - Ich wußte nicht, wann der Schnuller erfunden wurde!

Aus dem Französischen von Monika Metzger

Anmerkung

(1) J.-A. Miller bezieht sich hier auf die "Direction de la cure", die Ausrichtung oder Anleitung der psychoanalytischen Behandlung; vgl. Jacques Lacan, Schriften 1, Olten/Freiburg 1973, S. 171 -239

NEIN ZUM KÖNIG SEX
Ein Gespräch mit Bernard-Henri Lévy

LEVY: Mit "Der Wille zum Wissen" leiten Sie eine Geschichte der Sexualität ein, die monumental zu werden verspricht. Was rechtfertigt für Sie heute ein Unternehmen von solchem Umfang?

FOUCAULT: Von solchem Umfang? Eher von solcher Beschränkung. Ich will nicht die Chronik der sexuellen Verhaltensweisen über die Zeitalter und Zivilisationen hinweg erstellen. Ich will einem weit dünneren Faden folgen: dem, der in unseren Gesellschaften seit Jahrhunderten den Sex und die Suche nach der Wahrheit verbunden hat.

LEVY: In welchem Sinn denn?

FOUCAULT: Das Problem sieht so aus: wie kommt es, daß in einer Gesellschaft wie der unseren die Sexualität nicht einfach das ist, was für die Fortpflanzung der Art, der Familie, der Individuen sorgt? Nicht einfach etwas, was Lust und Genuß bereitet? Wie kommt es, daß sie als der privilegierte Ort angesehen worden ist, an dem sich unsere tiefe "Wahrheit" ausspricht oder ablesen läßt? Denn das ist das Wesentliche: seit dem Christentum hat das Abendland unaufhörlich wiederholt: "Um zu wissen, wer du bist, mußt du wissen, was mit deinem Sex los ist." Stets war der Sex der Knotenpunkt, an dem sich gleichzeitig die Geschicke unserer Spezies und unsere "Wahrheit" als menschliches Subjekt verknüpfen.
Die Beichte, die Gewissensprüfung, die ganze Versessenheit auf die Geheimnisse und die Bedeutung

des Fleisches waren nicht bloß Mittel, um den Sex zu untersagen und so weit als möglich aus dem Bewußtsein zu verbannen, sie waren dazu da, die Sexualität in den Mittelpunkt der Existenz zu versetzen und das Heil an die Beherrschung ihrer dunklen Regungen zu binden. In den christlichen Gesellschaften war der Sex das, was man prüfen, überwachen, gestehen und in Diskurs verwandeln mußte.

LEVY: Daher die paradoxe These dieses ersten Bandes: Statt sie zu ihrem Tabu, zu ihrem Verbotenen schlechthin zu machen, haben unsere Gesellschaften unaufhörlich von der Sexualität gesprochen und sie zum Sprechen gebracht...

FOUCAULT: Sicherlich könnte man lang und breit über die Sexualität reden, nur um sie zu verbieten.

Mir ging es aber darum, zwei wichtige Dinge zu unterstreichen. Zum einen, daß das Aufklären, das "Ausleuchten" der Sexualität sich nicht bloß in den Diskursen, sondern in der Realität der Institutionen und Praktiken abgespielt hat.
Zum anderen, daß es zahlreiche und strenge Verbote gibt. Aber daß sie zu einer komplexen Ökonomie gehören, in der sie mit Anreizen, Äußerungen und Aufwertungen einhergehen. Immer sind es die Verbote, die man herausstellt. Ich möchte ein bißchen die Kulissen umstellen und vor allem den Gesamtzusammenhang der Dispositive erfassen.
Und zudem hat man, wie Sie wissen, aus mir den melancholischen Historiker der Verbote und der Repressionsmacht gemacht, einen, der immer Geschichten mit zwei Seiten erzählt: der Wahnsinn und seine Einschließung, die Anomalie und ihr Ausschluß, die Delinquenz und ihre Einsperrung. Nun

hat aber mein Problem immer bei einer anderen Seite gelegen: der Wahrheit. Wie hat die Macht, die auf den Wahnsinn ausgeübt wurde, den "wahren" Diskurs der Psychiatrie produziert? Gleiches gilt für die Sexualität: den Willen zum Wissen dingfest machen, in den die Macht über den Sex sich eingelassen hat. Mir geht es nicht um die historische Soziologie eines Verbotes, sondern um die politische Geschichte einer Produktion von "Wahrheit".

LEVY: Eine neue Revolution im Begriff der Geschichte? Die Morgenröte einer weiteren "neuen" Geschichte?

FOUCAULT: Die Historiker haben vor Jahren voller Stolz entdeckt, daß sie nicht bloß die Geschichte der Schlachten, der Könige und der Institutionen schreiben konnten, sondern auch die der Ökonomie. Jetzt sind sie wieder ganz verblüfft, weil ihnen die Gewitztesten unter ihnen beigebracht haben, daß man auch die Geschichte der Empfindungen, der Verhaltensweisen, der Körper schreiben kann. Daß die Geschichte des Abendlandes nicht zu trennen ist von der Art und Weise, in der die Wahrheit produziert wird und ihre Wirkungen tut, das werden sie bald begreifen. Sowas spricht sich 'rum.
- Wir leben in einer Gesellschaft, die weitgehend auf der "Wahrheitstour" läuft - ich meine, die Diskurs mit Wahrheitsfunktion produziert und in Umlauf setzt, der als solcher gilt und damit über spezifische Mächte verfügt. Die Einsetzung "wahrer" Diskurse (die übrigens unablässig wechseln) ist eines der Grundprobleme des Abendlandes. Die Geschichte der "Wahrheit" - d.h. der Macht, die den als wahr akzeptierten Diskursen eigen ist - bleibt

noch voll und ganz zu schreiben.
Welches sind die positiven Mechanismen, die auf verschiedene Art und Weise die Sexualität produzieren und bei denen am Ende Elend herauskommt?

Das was ich untersuchen möchte, sind jedenfalls all die Mechanismen, die in unserer Gesellschaft dazu auffordern, anreizen und zwingen, vom Sex zu sprechen.

LEVY: Nun werden Ihnen manche antworten, daß es trotz dieser Diskursivierung auch die Repression und das sexuelle Elend gibt...

FOUCAULT: Ja, der Einwand ist schon gekommen. Sie haben Recht. Wir alle leben mehr oder weniger in diesem Zustand sexuellen Elends. Und es stimmt, daß in meinem Buch von diesem Erlebten nie die Rede ist...

LEVY: Weshalb? Geschieht das absichtlich nicht?

FOUCAULT: Wenn ich in den nächsten Bänden konkrete Untersuchungen anstelle - im Hinblick auf die Frauen, die Kinder, die Perversen - werde ich die Formen und Bedingungen dieses Elend zu analysieren versuchen. Im Augenblick aber geht es darum, die Methode festzulegen. Das Problem ist, ob dieses Elend negativ aus einer grundlegenden Absage oder aus einer ökonomisch begründeten Verbotsmaßnahme ("Arbeitet, liebt nicht !") erklärt werden muß oder ob sie nicht die Wirkung weit komplexerer und weit positiverer Verfahren ist.

LEVY: Was könnte in diesem Fall eine "positive" Erklärung sein?

FOUCAULT: Ich will einen anmaßenden Vergleich machen. Was hat Marx getan, als er seiner Analyse des Kapitals auf das Problem des Arbeiterelends stieß? Er hat die übliche Erklärung abgelehnt, die aus diesem Elend die Wirkung einer natürlichen Knappheit oder eines abgekarteten Diebstahls machte. Stattdessen hat er gesagt: so wie die grundlegenden Gesetze der kapitalistischen Produktion aussehen, muß sie einfach Elend produzieren. Es ist nicht der Zweck des Kapitalismus, die Arbeiter auszuhungern, aber er kann sich nicht entwickeln ohne sie auszuhungern. Marx hat die Anklage des Diebstahls durch die Analyse der Produktion ersetzt.

Mutatis mutandis ist das ungefähr das, was ich machen wollte. Es geht nicht darum, das sexuelle Elend zu leugnen, aber es geht auch nicht darum, es negativ mit einer Repression zu erklären. Das ganze Problem besteht darin herauszufinden, welches die positiven Mechanismen sind, die auf verschiedene Art und Weise die Sexualität produzieren und bei denen am Ende Elend herauskommt.

Ein Beispiel, das ich in einem der nächsten Bände behandeln werde: zu Beginn des 18. Jahrhunderts mißt man plötzlich der kindlichen Masturbation eine enorme Bedeutung zu und verfolgt sie wie eine plötzliche, furchtbare und die ganze menschliche Spezies bedrohende Epidemie.
Muß man nun annehmen, daß das Masturbieren der Kinder plötzlich für eine in Entwicklung begriffene kapitalistische Gesellschaft untragbar geworden ist? Das ist die Hypothese gewisser neuerer Reich-Anhänger. Mir scheint sie unbefriedigend.

Worauf es nämlich umgekehrt seinerzeit ankam,

war die Umorganisierung der Beziehungen zwischen Kindern und Erwachsenen, Eltern, Erziehern, war eine Intensivierung der innerfamiliären Beziehungen, war die Kindheit, die zum Einsatz geworden war, um den sich Eltern, Erziehungsanstalten und Instanzen der öffentlichen Hygiene stritten, war die Kindheit als Ziehgarten künftiger Generationen. Am Treffpunkt von Körper und Seele, Gesundheit und Moral, Erziehung und Zucht ist der Sex der Kinder gleichzeitig zur Zielscheibe und zum Instrument der Macht geworden. Man hat eine spezifische "Sexualität der Kinder" konstituiert, eine heikle gefährliche und ständig zu überwachende Sache.

Von da rührt ein sexuelles Elend der Kindheit und der Jugend, von dem auch unsere Generationen noch nicht befreit sind - der angestrebte Zweck aber war nicht dieses Elend; Ziel war nicht zu verbieten. Das Ziel war, mit der plötzlich bedeutend und mysteriös gewordenen kindlichen Sexualität ein Machtnetz über die Kindheit zu breiten.

LEVY: Die Vorstellung, das sexuelle Elend komme von der Repression, die Vorstellung, daß wir, um glücklich zu sein, unsere Sexualitäten befreien müssen, ist ja wohl letzten Endes die der Sexologen, Ärzte und Polizisten des Sex...

FOUCAULT: Ja, und deshalb stellen sie uns eine furchtbare Falle. Sie sagen uns etwa: "Ihr habt eine frustrierte und stumme Sexualität, die von heuchlerischen Verboten unterdrückt wird. Also kommt zu uns, sprecht euch aus, zeigt uns das alles, vertraut uns eure schlimmen Geheimnisse an..."
Dieser Typ von Diskurs ist in der Tat ein erst-

klassiges Macht- und Kontrollwerkzeug. Er bedient sich wie immer dessen, was die Leute sagen, was sie empfinden, was sie erhoffen. Er nutzt ihren Glauben aus, es reiche schon, die Schwelle des Diskurses zu überschreiten und einige Verbote aufzuheben, um glücklich zu sein. Und er führt genau dazu, die Revolten und Freiheitsbewegungen niederzuschlagen und zu parzellieren...

LEVY: Daher rührt, so nehme ich an, das Mißverständnis mancher Kommentatoren: "Unterdrückung und Befreiung des Sex, das läuft nach Foucault aufs Gleiche hinaus..." Oder sogar: "Die M.L.A C.* und "Laissez-les-vivre"**, das ist im Grunde derselbe Diskurs..."

FOUCAULT: Ja. Trotzdem muß man an diesem Punkt für Klarheit sorgen. Man hat mir allen Ernstes unterstellt, zwischen der Sprache der Zensur und der ihrer Gegner, zwischen dem Diskurs der Sittlichkeitsapostel und dem der Befreiung des Sex gäbe es keinen wirklichen Unterschied. Man hat so getan, als packte ich sie alle in einen Sack, um sie zu ersäufen wie einen Wurf junger Katzen. Radikal falsch: nichtsdergleichen habe ich sagen wollen. Übrigens, und das ist wichtiger, habe ich es auch gar nicht gesagt.

LEVY: Trotzdem geben Sie zu, daß es gemeinsame Elemente, gemeinsame Aussagen gibt...

---

*Mouvement pour la liberté de l'avortement et de la contraception (Bewegung zur Freigabe der Abtreibung und der Empfängnisverhütung (A.d.Ü.)

** "Laßt-sie-leben", konservative Familienorganisation (A.d.Ü.)

FOUCAULT: Aber Aussage und Diskurs sind zwei verschiedene Dinge. Es gibt gemeinsame taktische Elemente bei gegensätzlichen Strategien.

LEVY: Zum Beispiel?

FOUCAULT: Die sogenannten Bewegungen zur "sexuellen Befreiung" müssen, so glaube ich, als affirmative Bewegungen "ausgehend" von der Sexualität verstanden werden. Das will zweierlei besagen: es sind Bewegungen, die von der Sexualität, von dem Dispositiv der Sexualität, in dem wir stecken, ausgehen und es bis zum Letzten funktionieren lassen; gleichzeitig aber setzen sie sich davon ab, lösen sich von ihm und gehen über es hinaus.

LEVY: Wie sähe denn ein solches Hinausgehen aus?

FOUCAULT: Nehmen Sie den Fall der Homosexualität. Um 1870 herum beginnen die Psychiater, sie medizinisch zu analysieren: Ausgangspunkt einer ganzen Reihe neuer Eingriffe und Kontrollen.

Man beginnt die Homosexuellen entweder in Anstalten einzuweisen oder versucht sie zu behandeln. Ehedem wurden sie als Libertins und zuweilen als Delinquente wahrgenommen (was zu Verurteilungen führte, die äußerst streng sein konnten - noch im 18. Jahrhundert manchmal Verbrennung - aber zwangsläufig selten waren). Von jetzt an wird man sie alle in globaler Verwandtschaft mit den Wahnsinnigen als sexuelle Triebkranke wahrnehmen. Aber indem man solche Diskurse ganz buchstäblich nimmt und sie dadurch umdreht, kommen Antworten in Form einer Herausforderung zum Vorschein: Gesetzt, wir sind was ihr sagt, von Natur aus, von Krankheit oder Perversion her, ganz wie ihr wollt. Na gut, wenn wir das sind, dann sind wir das eben, und wenn ihr wissen wollt, was wir sind, werden wir es euch besser sagen als ihr selbst. Gegen Ende des 19. Jahrhunderts erscheint eine ganze Literatur der Homosexualität, die sich stark von den Erzählungen der Libertins unterscheidet; denken Sie an Wilde oder an Gide. Das ist die strategische Umkehrung "desselben" Willens zur Wahrheit.

LEVY: Genau das spielt sich ja praktisch bei allen Minderheiten ab, bei den Frauen, den Jugendlichen, den Schwarzen in Amerika...

FOUCAULT: Ja sicher. Man hat lange versucht, die Frauen auf ihre Sexualität festzunageln. "Ihr seid nichts als euer Geschlecht", hat man ihnen seit Jahrhunderten gesagt. Und dieser Sex, fügen die Ärzte hinzu, ist anfällig, fast immer krank und stets ein Erzeuger von Krankheit. "Ihr seid die Krankheit des Mannes". Und diese sehr alte Bewegung kommt im 18. Jahrhundert plötzlich auf Hochtouren und führt zu einer Pathologisierung der Frau, der Körper der Frau wird medizinischer Gegenstand par excellence. Ich werde später versuchen, die Geschichte dieser ungeheuren "Gynäkologie" im weistesten Sinne des Wortes zu schreiben.

Nun, die feministischen Bewegungen haben die Herausforderung angenommen. Wir sind von Natur aus Sex? Na gut, seien wir das, aber in seiner Einzigartigkeit, in seiner irreduziblen Besonderheit. Ziehen wir die Konsequenzen und erfinden wir unsere eigene Weise politischer, ökonomischer, kultureller Existenz...Es ist stets der gleiche Vorgang: sie gehen aus von der Sexualität, in der man sie kolonisieren will, und durchqueren sie, um zu anderen Affirmationen zu kommen.

LEVY: Diese Strategie, die Sie beschreiben, diese Gegenstrategie, ist das noch eine Befreiungsstrategie im klassischen Sinne? Oder muß man nicht eher sagen, daß den Sex zu befreien nunmehr heißt, ihn zu hassen und über ihn hinauszugehen?

FOUCAULT: Mir scheint, heute zeichnet sich eine Bewegung ab, den Druck des "Immer mehr Sex", "Immer mehr Wahrheit im Sex", der seit Jahrhunderten auf uns lastet, abzuschütteln: es geht darum, andere Formen von Lüsten, Beziehungen, Zusammenleben, Bindungen, Lieben, Intensitäten - ich sage nicht: "wiederzufinden", sondern schlicht und einfach zu fabrizieren. Ich habe den Eindruck, daß augenblicklich so etwas wie eine "Anti-Sex"-Stimmung in der Luft liegt (ich bin kein Prophet, höchstens Diagnostiker), so als unternähme man den Versuch, diese große "Sexographie" loszuwerden, die uns den Sex als das allumfassende Geheimnis entziffern läßt.

LEVY: Gibt es Anzeichen für diese Diagnose?

FOUCAULT: Nur eine Anekdote. Hervé Guibert, ein junger Schriftsteller, hatte Geschichten für Kinder geschrieben: kein Verleger wollte sie. Er schrieb einen anderen, übrigens sehr bemerkenswerten und scheinbar "sexgeladenen" Text. Das war die Bedingung, um Gehör zu finden und verlegt zu werden - voilà, jetzt ist er publiziert (es handelt sich um "La Mort Propagande"). Lesen Sie ihn: mir scheint, er ist das Gegenteil dieser sexographischen Schreibweise, die das Gesetz der Pornographie und manchmal auch der hohen Literatur war: den Punkt zu erreichen, wo man das Unaussprechlichste des Sex ausspricht. Hervé Guibert steigt mit dem Schlimmsten und Extremsten ein - "Ihr wollt daß davon geredet wird, na gut, also los, ihr werdet mehr zu hören kriegen, als ihr je gehört habt" - und aus gemeinstem Material konstruiert es Körper, Täuschungen, Schlösser, Verschmelzungen, Zärtlichkeiten, Rassen, Trunkenheiten; der ganze allgewichtige Wert Sex wird in die Luft gejagt. Aber das ist nur ein Beispiel für die Kampfansage "Anti-Sex", für die sich noch mehr Anzeichen finden lassen. Vielleicht ist es das Ende dieser trostlosen Einöde der Sexualität, das Ende der Monarchie des Sex.

LEVY: Sofern der Sex nicht ein Schicksal ist, an das wir gekettet sind. Und das von Kind an, wie es heißt...

FOUCAULT: Genau, sehen Sie sich an, was mit den Kindern passiert. Man sagt: das Leben der Kinder ist ihr sexuelles Leben. Vom Schnuller bis zur Pubertät geht es um nichts als das. Hinter dem Wunsch lesen zu lernen oder dem Spaß an Comics steht einzig und allein die Sexualität. Sind Sie sicher, daß dieser Typ von Diskurs tatsächlich befreiend wirkt? Sind Sie sicher, daß er nicht die Kinder auf eine Art sexuelle Insel verbannt? Und wenn die nun darauf pfeifen würden? Wenn die Freiheit, nicht erwachsen zu sein, gerade darin bestünde, nicht dem Gesetz, dem Prinzip, dem letzten Endes so langweiligen Gemeinplatz der Sexualität zu unterliegen? Wenn die Dinge, die Leute, die Körper polymorphe Beziehungen haben könnten - wäre das nicht Kindheit? Dieser Polymorphismus, den die Erwachsenen, um sich zu beruhigen, Perversität nennen und mit dem Grau in Grau ihres eigenen Sex überstreichen.

LEVY: Wird denn das Kind auch von denen unterdrückt, die es befreien wollen?

FOUCAULT: Lesen Sie das Buch von Schérer und Hocquenghem*: es zeigt gut, daß das Kind ein Reich von Lust hat, für das der "Sex-Raster" ein echtes Gefängnis bildet.

LEVY: Ist das nicht ein Paradox?

FOUCAULT: Das ergibt sich aus dem Gedanken, daß die Sexualität nicht zutiefst das ist, was die Macht fürchtet, sondern viel eher das, wodurch sie wirkt.

LEVY: Sehen Sie sich doch die autoritären Staaten an: kann man da sagen, daß die Macht nicht gegen, sondern durch die Sexualität wirkt?

FOUCAULT: Dazu zwei neuere, scheinbar widersprüchliche Tatsachen: Vor ungefähr anderthalb Jahren hat China eine Kampagne gegen das Masturbieren der Kinder gestartet, genau im selben Stil wie Europa im 18. Jahrhundert (das hält von der Arbeit ab, das macht blöde, das führt zur Degeneration der Art...). Auf der anderen Seite empfängt gegen Ende des Jahres die Sowjetunion zum ersten Mal einen Kongreß von Psychoanalytikern (sie muß sie wohl empfangen, da sie selbst keine hat). Liberalisierung? Tauwetter fürs

---

*Co-ire. Kindheitsmythen. München 1977 (A.d.Ü.)

Unbewußte? Frühling der sowjetischen Libido gegenüber der moralischen Verbürgerlichung der Chinesen?
Sowohl in dem altertümlichen Blödsinn Pekings wie in der neuerwachten Wißbegier der Sowjets sehe ich vor allem die zweifache Anerkennung der Tatsache, daß die Sexualität - ausgesprochen <u>und</u> verboten, gesagt <u>und</u> untersagt - ein Relais <u>ist</u>, auf das kein modernes Machtsystem verzichten kann. Nehmen wir uns in Acht vor dem Sozialismus mit sexuellem Gesicht!

LEVY: Anders gesagt: die Macht ist also nicht mehr notwendig das, was zensiert und einsperrt?

FOUCAULT: Ganz allgemein würde ich sagen, daß das Verbot, die Ablehnung, die Prohibition, weit davon entfernt, wesentliche Formen von Macht zu sein, nur deren Grenzen, deren abgenutzte oder extremste Formen sind. Die Machtbeziehungen sind vor allem produktiv.

LEVY: Das ist im Hinblick auf Ihre früheren Bücher ein neuer Gedanke.

FOUCAULT: Wenn ich mich in Pose setzen und in eine etwas fiktive Kohärenz hüllen wollte, würde ich Ihnen sagen, daß das immer schon mein Problem war: Machtwirkungen und Produktion von "Wahrheit". Mir war immer unbehaglich bei diesem Begriff von Ideologie, der in den letzten Jahren so viel gebraucht worden ist. Man hat ihn benutzt, um Irrtümer, Illusionen, Verschleierungen, kurz alles, was die Bildung wahrer Diskurse verhinderte, zu erklären. Man hat ihn auch benutzt, um die Beziehung zwischen dem, was in den Köpfen der Leute vorgeht und ihrer Stellung innerhalb der Produktionsverhältnisse aufzuzeigen. Grob gesagt die Ökonomie des Nicht-Wahren. Mein Problem ist die Politik des Wahren. Ich habe lange gebraucht, um mir darüber klar zu werden.

LEVY: Weshalb?

FOUCAULT: Aus mehreren Gründen. Zunächst weil die Macht im Abendland das ist, was sich am meisten zeigt und somit am besten verbirgt: was man seit dem 19. Jahrhundert das "politische Leben" nennt, ist (ein wenig wie der Hof zur Zeit der Monarchie) die Weise, in der die Macht sich repräsentiert. Weder funktioniert sie dort, noch funktioniert sie so. Vielleicht gehören die Machtbeziehungen zu den am besten verborgenen Dingen im gesellschaftlichen Körper. Zum anderen ist seit dem 19. Jahrhundert die Gesellschaftskritik im wesentlichen vom tatsächlich determinierenden Charakter der Ökonomie ausgegangen. Ganz gewiß eine vernünftige Reduktion des Politischen, aber damit neigt man auch dazu, die elementaren Machtbeziehungen außer Acht zu lassen, die für ökonomische Verhältnisse konstitutiv sein können.
Drittens gibt es eine Tendenz, die den Institutionen, den Parteien, einer ganzen Strömung revolutionären Denkens und Handelns gemeinsam ist und darin besteht, die Macht nur in der Form und in den Apparaten des Staates zu sehen.

Das führt, wenn man sich den Individuen zuwendet, dazu, daß man die Macht nur noch in ihren Köpfen (in Form von Repräsentation, Zustimmung oder Verinnerlichung) findet.

LEVY: Und was wollen Sie demgegenüber machen?

FOUCAULT: Vier Dinge: die Machtbeziehungen aufsuchen, wo sie am verborgensten sind; ihnen bis in die ökonomischen Infrastrukturen nachgehen; sie unter ihren nicht nur staatlichen, sondern infra- oder para-staatlichen Formen verfolgen; ihr materielles Spiel rekonstruieren.

LEVY: Seit wann führen Sie diese Art von Analyse durch?

FOUCAULT: Wenn ich Ihnen ein Buch nennen soll, so ist es "Überwachen und Strafen". Ich würde lieber sagen, daß es auf eine Reihe von Ereignissen und Erfahrungen zurückgeht, die man seit 1968 mit der Psychiatrie, der Delinquenz, dem Schulwesen usw. machen konnte. Wobei ich glaube, daß diese Ereignisse selber nie ihren Sinn und ihre Intensität gewonnen hätten, wenn nicht die beiden gigantischen Schatten des Faschismus und des Stalinismus hinter ihnen gestanden hätten. So wie das Arbeiterelend - diese Unterexistenzen - das politische Denken des 19. Jahrhunderts um die Ökonomie hat kreisen lassen, so erzeugen Faschismus und Stalinismus - diese Übermächte - die politische Unruhe unserer gegenwärtigen Gesellschaften.

Das führt auf zwei Probleme: Wie funktioniert die Macht? Reicht es, daß sie streng verbietet, damit sie wirklich funktioniert? Sodann: verläuft sie immer von oben nach unten und vom Zentrum zur Peripherie?

LEVY: In der Tat ist mir in "Der Wille zum Wissen" folgende Verschiebung, folgende wesentliche

Verrückung aufgefallen: daß Sie diesmal deutlich mit einem diffusen Naturalismus brechen, der noch in Ihren früheren Büchern spukte...

FOUCAULT: Was Sie "Naturalismus" nennen, bezeichnet wie ich meine zweierlei: eine bestimmte Theorie, die Vorstellung, daß man unterhalb der Macht, unterhalb ihrer Gewalttaten und Hinterhältigkeiten die Dinge selbst in ihrer ursprünglichen Lebendigkeit wiederfinden muß: hinter den Mauern des Asyls die Spontaneität des Wahnsinns, durch das Strafsystem hindurch die fruchtbare Unruhe des Delinquenz, unter dem sexuellen Verbot die Reinheit des Wunsches. Zum zweiten eine bestimmte ästhetisch-moralische Wahl: die Macht, das ist das Böse, ist das Häßliche, das Armselige, Sterile, Monotone, Tote - und das, worüber die Macht ausgeübt wird, ist das Gute, Echte und Großartige.

LEVY: Also das letztlich gemeinsame Thema von marxistischer Vulgata und Neuer Linker: "Unter dem Pflaster liegt der Strand."

FOUCAULT: Wenn Sie so wollen. Es gibt Augenblicke, wo solche Vereinfachungen notwendig sind. Um von Zeit zu Zeit den Rahmen zu ändern und von pro zu contra überzugehen, ist ein solcher Dualismus vorübergehend nützlich.

LEVY: Und dann kommt die Zeit, wo man innehält, die Zeit zum Nachdenken und Abwägen?

FOUCAULT: Im Gegenteil. Es muß der Augenblick neuer Beweglichkeit und neuer Verschiebung kommen. Denn diese Umkehrungen von pro und contra fahren sich sehr schnell fest, weil sie nur wiederholen können und dann das bilden, was Jacques Rancière die "gauchistische Doxa" nennt. Solange man nur ad infinitum das immergleiche Anti-Repressionslied singt, bleiben die Dinge unverrückt, und es ist ganz gleich wer den Gesang anstimmt, es hört ihm doch keiner zu. Die Umkehrung der Werte und der Wahrheiten, von der ich gerade sprach, ist in soweit wichtig, als es nicht bei ein paar Hochrufen (es lebe der Wahnsinn, es lebe die Delinquenz, es lebe der Sex) bleibt, sondern man zu neuen Strategien kommt. Sehen Sie, was mich heute oft stört, ja sogar schmerzt, ist daß diese ganze Arbeit von mittlerweile rund fünfzehn Jahren, diese oft schwierige und einsame Arbeit für manche nur die Funktion hat, eine Zugehörigkeit anzuzeigen: auf der "richtigen Seite" zu stehen, auf der Seite des Wahnsinns, der Kinder, der Delinquenz, des Sex.

LEVY: Es gibt keine richtige Seite?

FOUCAULT: Man muß sich auf die andere Seite, die "richtige Seite" stellen - aber um zu versuchen, sich von den Mechanismen freizumachen, die stets zwei Seiten erscheinen lassen, um die falsche Einheit, die illusorische "Natur" jener anderen Seite, deren Partei man ergriffen hat, aufzulösen. Da beginnt die wirkliche Arbeit, die des Historikers der Gegenwart.

LEVY: Sie haben sich bereits mehrfach als "Historiker" definiert. Was heißt das? Warum Historiker und nicht "Philosoph"?

FOUCAULT: Auf eine Form gebracht, die so naiv ist wie eine Kinderfabel, würde ich sagen, daß die

Frage der Philosophie lange Zeit lautete: "In dieser Welt, wo alles vergeht, was bleibt da bestehen? Was sind wir, die wir sterben müssen, vor dem was bestehen bleibt?" Seit dem 19. Jahrhundert hat die Philosophie sich immer mehr auf die Frage zubewegt: "Was geschieht gegenwärtig, und was sind wir, die wir vielleicht nichts anderes und nichts weiter sind als das, was gegenwärtig geschieht?"Die Frage der Philosophie ist die Frage nach dieser Gegenwart, die wir selbst sind. Daher ist die Philosophie heute durch und durch politisch und durch und durch historisch. Sie ist die der Geschichte immanente Politik, sie ist die für die Politik unentbehrliche Geschichte.

LEVY: Gibt es nicht heute auch eine Rückkehr zur klassischsten, zur metaphysischsten Philosophie?

FOUCAULT: Ich glaube an keine Form von Rückkehr. Ich möchte dazu nur folgendes, ein bißchen aus Spielerei, sagen. Das Denken der ersten christlichen Jahrhunderte stand vor der Frage: "Was geschieht gegenwärtig? Was ist das für eine Zeit, in der wir leben? Wie und wann wird die Rückkehr Gottes sich ereignen, die uns verheißen ist? Was tun mit dieser Zeit, die gleichsam überflüssig ist? Und was sind wir, die wir dieser Übergang sind?"

Man könnte sagen, daß wir an diesem Rand der Geschichte, über den die Revolution immer noch nicht hereingebrochen ist, die gleiche Frage stellen: "Wer sind wir, die wir eigentlich überflüssig sind zu dieser Zeit, wo nicht geschieht, was geschehen sollte?" Das gesamte moderne Denken, ebenso wie die gesamte Politik ist von der Frage der Revolution beherrscht.

LEVY: Stellt sich für Sie auch noch diese Frage der Revolution? Bleibt sie in Ihren Augen die Frage par excellence?

FOUCAULT: Wenn es seit dem 19. Jahrhundert die Politik gibt, so darum, weil es die Revolution gegeben hat. Diese ist nicht ein Fall von jener. Stets bestimmt sich die Politik im Hinblick auf die Revolution. Also Napoleon sagte: "Die moderne Gestalt des Schicksals ist die Politik", zog er nur die Konsequenzen aus dieser Wahrheit, denn er kam nach der Revolution und vor der möglichen Wiederkehr einer neuen.
Die Wiederkehr der Revolution, darin liegt unser Problem. Es steht fest, daß ohne sie die Frage des Stalinismus bloß eine scholastische Frage wäre - ein einfaches Problem der Organisation von Gesellschaften oder der Gültigkeit des marxistischen Schemas. Es geht aber beim Stalinismus um etwas ganz anderes. Sie wissen ja: es ist gerade die Wünschbarkeit der Revolution, die heute ein Problem darstellt...

LEVY: Wünschen Sie die Revolution? Wünschen Sie etwas, was über die einfache ethische Pflicht, hier und jetzt, an der Seite dieser oder jener, der Wahnsinnigen und der Gefangenen, der Unterdrückten und der Elenden zu kämpfen, hinausgeht?

FOUCAULT: Das kann ich nicht beantworten. Aber ich glaube, daß Politik anders als "politisch" zu machen heißt, mit größtmöglicher Redlichkeit herauszufinden versuchen, ob die Revolution wünschbar ist. Heißt diesen schrecklichen Maulwurfsbau zu erforschen, in dem die Politik sich zu verlaufen droht.

LEVY: Wenn die Revolution nicht mehr wünschbar wäre, bliebe dann die Politik das, was sie nach Ihren Worten ist?

FOUCAULT: Nein, ich glaube nicht. Man müßte eine neue erfinden oder etwas anderes an ihre Stelle setzen. Vielleicht erleben wir das Ende der Politik. Denn wenn es stimmt, daß die Politik ein Feld ist, das durch die Revolution eröffnet wurde, und wenn sich die Frage der Revolution in diesem Sinne nicht mehr stellt, dann kann es auch sein, daß die Politik verschwindet.

LEVY: Kommen wir zurück zu Ihrer Politik, so wie Sie in "Der Wille zum Wissen" sie umrissen haben. Sie sagen; "Dort wo es Macht gibt, gibt es Widerstand." Holen Sie damit nicht jene Natur zurück, die sie doch gerade verabschieden wollten?

FOUCAULT: Ich denke nicht, denn der Widerstand, von dem ich spreche, ist keine Substanz. Er geht der Macht, die er bekämpft, nicht voraus. Er ist koextensiv und absolut gleichzeitig.

LEVY: Das Spiegelbild der Macht? Das liefe aufs Gleiche hinaus. Immer noch das Pflaster und der Strand...

FOUCAULT: Das ist es nicht mehr. Wenn das alles wäre, gäbe es keinen Widerstand. Denn der Widerstand muß sein wie die Macht: genauso erfinderisch, genauso beweglich, genauso produktiv wie sie. Muß sich wie sie organisieren und stabilisieren. Muß wie sie "von unten" kommen und sich strategisch verteilen.

LEVY: "Dort wo es Macht gibt, gibt es Widerstand" ist demnach beinahe eine Tautologie...

FOUCAULT: Absolut. Ich setze nicht eine Substanz des Widerstandes gegen eine Substanz der Macht. Ich sage einfach: sobald es ein Machtverhältnis gibt, gibt es eine Widerstandmöglichkeit. Wir stecken nie völlig in der Falle der Macht: unter bestimmten Bedingungen und mit einer präzisen Strategie kann man immer ihren Zugriff abwenden.

LEVY: Macht und Widerstand...Taktik und Strategie...Wozu dieser Hintergrund von Kriegsmetaphern? Meinen Sie, daß man die Macht künftig in der Form des Krieges denken muß?

FOUCAULT: Darüber weiß ich im Augenblick noch zu wenig. Eines scheint mir sicher, nämlich daß wir im Augenblick nur über zwei Modelle zur Analyse von Machtverhältnisses verfügen: das des Rechts (die Macht als Gesetz, Verbot, Institution) und das kriegerische oder strategische in Begriffen von Kraftbeziehungen. Das erste ist oft gebraucht worden, und es hat sich, wie ich glaube, als unangemessen erwiesen: man weiß, daß das Recht keine Beschreibung für die Macht ist.
Ich weiß, daß auch von dem anderen viel geredet wird. Aber es bleibt bei Worten: man hält sich an fertige Begriffe oder Metaphern ("Krieg aller gegen alle", "Kampf ums Überleben") oder auch an formale Schemata (die Strategien sind sehr in Mode bei bestimmten, vor allem amerikanischen Soziologen und Ökonomen). Ich glaube, man müßte versuchen, diese Analyse der Kraftbeziehungen schärfer zu fassen.

LEVY: Gab es diese kriegerische Konzeption der Machtbeziehungen nicht schon bei den Marxisten?

FOUCAULT: Was mich überrascht bei den marxistischen Analysen ist, daß zwar ständig vom "Klassenkampf" die Rede ist, aber daß man der einen Hälfte des Ausdrucks, nämlich dem "Kampf", kaum Beachtung schenkt. Die größten unter den Marxisten (angefangen mit Marx) haben sehr viel Wert auf die "militärischen" Probleme gelegt (die Armee als Apparat des Staates, bewaffneter Aufstand, revolutionärer Krieg). Sobald sie aber vom "Klassenkampf" als allgemeiner Triebkraft der Geschichte sprechen, befassen sie sich vorwiegend damit, was die Klasse ist, wo sie steht, wen sie umfaßt - nie damit, wie der Kampf konkret aussieht. Von einer Ausnahme abgesehen: den nicht theoretischen, sondern historischen Texten von Marx, die unvergleichlich scharfsinniger sind.

LEVY: Meinen Sie, daß Ihr Buch diese Lücke ausfüllen kann?

FOUCAULT: Ich habe nicht diesen Anspruch. Ganz allgemein gesehen denke ich, daß die Intellektuellen - sofern diese Kategorie noch existiert oder noch existieren soll, was nicht sicher, was vielleicht nicht einmal wünschenswert ist - auf ihre alte prophetische Funktion verzichten.
Und damit meine ich nicht bloß ihren Anspruch zu sagen, was geschehen wird, sondern auch die Funktion des Gesetzgebers, nach der sie so lange gestrebt haben: "Das muß man machen, das ist gut, folgt mir! Ich bin der Anhaltspunkt in eurer Bewegung!" Die Modelle des griechischen Weisen, des jüdischen Propheten und des römischen Gesetzge-

bers spuken immer noch in den Köpfen derer, die heute von Berufs wegen sprechen und schreiben. Ich träume von dem Intellektuellen als dem Zerstörer der Evidenzen und Universalien, der in den Trägheitsmomenten und Zwängen der Gegenwart die Schwachstellen, Öffnungen und Kraftlinien kenntlich macht, der fortwährend seinen Ort wechselt, nicht sicher weiß, wo er morgen sein noch was er denken wird, weil seine Aufmerksamkeit allein der Gegenwart gilt; der, wo er gerade ist, seinen Teil zu der Frage beiträgt, ob die Revolution der Mühe wert ist und welche (ich meine: welche Revolution und welche Mühe), wobei sich von selbst versteht, daß nur die sie beantworten können, die bereit sind, ihr Leben aufs Spiel zu setzen, um sie zu machen.

Was all die Fragen nach Einordnung oder Programm betrifft, die man uns stellt: "Sind Sie Marxist?", "Was würden Sie machen, wenn Sie die Macht hätten?", "Wer sind Ihre Verbündeten und wo sind Sie Mitglied?" - das sind Fragen, die wirklich zweitrangig sind gegenüber der, die ich eben genannt habe, denn das ist die Frage von heute.

Aus dem Französischen von Ulrich Raulf

MÄCHTE UND STRATEGIEN
Antwort auf Fragen der Zeitschrift "Les révoltes logiques"

LES REVOLTES LOGIQUES: "Wahnsinn und Gesellschaft" endet mit der Demaskierung der Illusionen der "Befreiung" der Wahnsinnigen. Die "Geburt der Klinik" beginnt mit der Verspottung der medizinischen Humanismen und der "kopflosen Phänomenologien des Verstehens". Gleichwohl hat die gauchistische und post-gauchistische Doxa es vorgezogen, an der "Einschließung" nur ihre Wirksamkeit und die Unterdrückung zu sehen, sie macht aus Michel Foucault so etwas wie einen neuen Pinel, der die fröhliche Befreiung der Wünsche und der Außenseiter anstimmt.
Dasselbe Thema dient dazu, die Analyse der Herrschaftsmechanismen auf das reine Äußerlichkeitsverhältnis von Macht und Plebs umzuklappen, indem man das Verhältnis: Klassische Vernunft/Einschliessung=Marxismus/Gulag setzt.
Findet hier nicht eine Umkehrung statt, die aus der Kritik der "Einschließung" das Schlüsselwort der Neo-Liberalismen oder Neo-Populismen macht?

M. FOUCAULT: Ich habe in der Tat bei einer bestimmten Verwendung der Zusammenstellung Gulag-Einsperrung meine Bedenken. Bei einer bestimmten Verwendung, die darin besteht, zu sagen: wir alle haben unseren Gulag: er ist da vor unseren Toren, in unseren Städten, in unseren Hospitälern, in unseren Gefängnissen; er ist hier in unseren Köpfen. Ich befürchte, daß sich unter dem Vorwand "systematischer Denunziation" bloß ein alles aufraffender Eklektizismus breit macht. Und daß sich dahinter allerlei Manöver verbergen. Mit allumfassender Empörung, mit einem großen "Stoßseufzer" umarmt man sämtliche politischen Verfolgungen der Welt und gestattet auf diese Weise der KPF die Teilnahme an einer Veranstaltung, auf der Pljuschtsch sprechen soll. Das autorisiert besagte KPF, drei Diskurse zu halten:

- einen in die Kulissen: Da stehen wir nun, Ihr und wir, alle zusammen, und sind sehr unglücklich; die Probleme der UdSSR sind dieselben wie die aller Länder der Welt, weder geringer, noch schlimmer, und umgekehrt. Tragen wir alle unser Teil an den Kämpfen, das heißt: teilen wir sie;
- einen an die Partner des Wahlbündnisses: Seht her, wie frei, wie frei auch wir der UdSSR gegenüber sind. Wie Ihr, so denunzieren auch wir den Gulag: laßt uns nur machen;
- einen innerhalb der KP: Seht her, wie geschickt wir das Problem des sowjetischen Gulag umgehen. Man löst es ganz einfach im trüben Wasser politischer Einsperrungen im allgemeinen auf.

Mir scheint, daß man die Institution Gulag und die Frage nach dem Gulag auseinanderhalten muß. Wie alle politischen Technologien hat die Institution Gulag ihre Geschichte, ihre Transformationen und Übertragungen, ihr Funktionieren und ihre Wirkungen. Sehr wahrscheinlich gehört die Einsperrung des klassischen Zeitalters zu ihrer Archäologie.

Im Gegensatz dazu kennzeichnet die Frage nach dem Gulag eine politische Entscheidung. Es gibt diejenigen, die die Frage nach dem Gulag stellen, und diejenigen, die sie nicht stellen. Sie zu stellen, bedeutet viererlei:

a) Die Weigerung, den Gulag ausgehend von den Texten Marxens oder Lenins zu untersuchen, indem man sich fragt, durch welchen Irrtum, welche Abweichung, welche Verkennung, welche spekulative oder praktische Verzerrung die Theorie an diesem Punkt hat verraten werden können.

Stattdessen bedeutet es, all diese Diskurse, so alt sie auch sein mögen, von der Realität des Gulag aus zu befragen. Statt in diesen Texten nach dem zu suchen, was im voraus den Gulag verurteilen könnte, geht es vielmehr darum, sich danach zu fragen, was in ihnen den Gulag möglich gemacht hat, was ihn weiterhin rechtfertigt und was heute erlaubt, seine unerträgliche Wahrheit immer noch hinzunehmen. Die Frage nach dem Gulag darf nicht in Termini des Irrtums (Umsetzung der Theorie), sondern muß in Termini der Realität gestellt werden.

b) Die Weigerung, die Untersuchung lediglich auf dem Niveau der Ursachen zu lokalisieren. Wenn man sogleich fragt: was ist die "Ursache" des Gulag (die Rückständigkeit der Entwicklung Rußlands, die Verwandlung der Partei in eine Bürokratie, die besonderen ökonomischen Schwierigkeiten der UdSSR), dann macht man aus dem Gulag eine Art Abszeß, eine Infektion, eine Entartung oder Involution. Man denkt ihn dann nur negativ - als ein zu beseitigendes Obstakel, ein zu korrigierendes Dysfunktionieren. Der Gulag, Kindbettfiber des Mutterlandes, das unter Schmerzen mit dem Sozialismus niederkommt. Die Frage nach dem Gulag muß in positiven Termini gestellt werden. Das Problem der Ursachen kann nicht getrennt werden von dem Problem des Funktionierens: wozu dient er, welches Funktionieren sichert er, welchen Strategien paßt er sich ein?

Der Gulag muß analysiert werden als polit-ökonomischer Operator in einem sozialistischen Staat. Zu vermeiden ist jedes historizistische Umklappen. Der

Gulag ist kein Überbleibsel, auch keine Folge. Er ist eine erfüllte Gegenwart.
c) Die Weigerung, bei der Kritik des Gulag von einem unserem eigenen Diskurs oder unserem eigenen Traum immanenten Prinzip der Filterung oder Gesetz auszugehen. Damit will ich folgendes sagen: man muß die Politik der Anführungszeichen aufgeben; also nicht mehr sich aus der Affäre ziehen, indem man den sowjetischen Sozialismus mit schimpflichen und ironisierenden Anführungszeichen versieht, die den guten, den wahren Sozialismus - ohne Anführungszeichen -, der angeblich allein den legitimen Gesichtspunkt für eine politisch gültige Kritik des Gulag abzugeben vermöchte, in Schutz nehmen. In Wahrheit ist der einzige Sozialismus, der die Anführungszeichen des Spotts verdient, derjenige, der in unserem Kopf das verträumte Leben der Idealität führt.
Stattdessen müssen wir die Augen öffnen für das, was dort, an Ort und Stelle, den Widerstand gegen den Gulag möglich macht; für das, was ihn unerträglich werden läßt und den Leuten des Anti-Gulag den Mut geben kann, sich zu erheben und dafür zu sterben, ein Wort zu sagen oder ein Gedicht zu sprechen. Man muß herausfinden, was Mikael Stern sagen läßt: "ich werde nicht mehr nachgeben"; und herausfinden auch, wie jene "des Lesens und Schreibens nahezu unkundigen" Männer und Frauen, die (unter welchen Drohungen?) versammelt worden waren, um ihn anzuklagen, die Kraft gefunden haben, ihn öffentlich von jeder Schuld freizusprechen. Ihnen muß man Gehör schenken und nicht mehr unserer kleinen Liebesromanze mit dem "Sozialismus". Worauf stützen sie sich, was gibt ihnen ihre Energie, was zeitigt in ihrem Widerstand seine Wirkung, was läßt sie aufstehen? Und vor allem frage man sie nicht, ob sie auch, immer noch und trotz allem, "Kommunisten" sind, als sei

das die Bedingung dafür, daß wir anderen uns bereit finden, ihnen zuzuhören.(1) Der Hebel, um den Gulag aus den Angeln zu heben, ist nicht in unserem Kopf, sondern in ihren Körpern, in ihrer Energie, in dem, was sie tun, sagen und denken.

d) Die Weigerung, die universalistische Auflösung in der "Denunziation" aller möglichen Einsperrungen mitzumachen. Die Frage nach dem Gulag ist nicht an jedwede Gesellschaft in ein und derselben Form zu stellen. Sie muß spezifisch an jede einzelne sozialistische Gesellschaft gestellt werden, insofern es seit 1917 faktisch keiner von ihnen gelungen ist, ohne ein mehr oder weniger entwickeltes Gulag-System zu funktionieren.

Kurz, man muß, wie mir scheint, die Spezifität der Frage nach dem Gulag geltend machen gegen jedes theoretische Umklappen (das aus ihm einen ausgehend von Texten lesbaren Irrtum macht), gegen jedes historizistische Umklappen (das aus ihm eine ausgehend von ihren Ursachen isolierbare Wirkung der Konjunktur macht), gegen jede utopische Dissoziation (die ihn, zusammen mit dem Pseudo-"Sozialismus", in Opposition zum Sozialismus "selbst" setzen würde), gegen jede universalisierende Auflösung in der allgemeinen Form der Einsperrung. Alle diese Operationen spielen dieselbe Rolle - und es sind ihrer nicht zuviele, um eine derart schwierige Aufgabe zu erfüllen: trotz des Gulag weiterhin unter uns einen Diskurs der Linken umlaufen zu lassen, dessen organisatorische Prinzipien dieselben geblieben sind. Mir scheint, daß die Analyse André Glucksmanns * all diesen so willig praktizierten Umklappungen entgeht.

---

*"Köchin und Menschenfresser", Berlin 1976

Dies zur Spezifität der Frage nach dem Gulag; damit bleiben noch zwei Probleme übrig:

- Wie lassen sich konkret, analytisch und praktisch, die Kritik der Technologien der Normalisierung, die historisch aus der klassischen Einschließung sich ableiten, und der Kampf gegen den sowjetischen Gulag als historisch sich zuspitzende Gefahr verbinden? Wo liegen die Prioritäten? Welche organischen Verbindungen sind zwischen den beiden Aufgaben herzustellen?
- Das andere Problem, das an das vorhergehende gebunden ist (insofern die Antwort auf dieses letztere teilweise die Antwort auf das erste bedingt), betrifft die Existenz oder Nichtexistenz einer "Plebs" als der ständigen und immerfort stummen Zielscheibe der Machtdispositive.

Was die erste Frage angeht, scheint es mir im Augenblick unmöglich, eine endgültige und individuelle Antwort zu geben. Eine Antwort auf diese Frage muß durch die politischen Konjunkturen hindurch erarbeitet werden, die wir jetzt zu durchlaufen haben. Was dagegen die zweite anbetrifft, scheint mir, daß man zumindest den Umriß einer Antwort liefern kann. Zweifellos darf man "die Plebs" nicht als das dauernde Fundament der Geschichte begreifen, als letztendliches Ziel sämtlicher Unterwerfungen, als den niemals vollständig erloschenen Herd aller Revolten. Ohne Zweifel bildet "die Plebs" keine soziologische Realität. Aber im gesellschaftlichen Körper, in den Klassen, in den Gruppen und Individuen selbst gibt es wohl immer irgendetwas, das in gewisser Weise den Machtbeziehungen entgeht; etwas, das durchaus nicht ein mehr oder weniger fügsamer oder widerspenstiger Rohstoff ist, sondern eine zentrifugale Bewegung, eine umgepolte Energie, ein Entwischen. Zweifellos gibt es nicht "die" Plebs, aber es existiert etwas "Plebejisches". Es gibt etwas Plebejisches in den Körpern und in den Seelen, es gibt etwas derartiges in den Individuen, im Proletariat, es gibt so etwas in der Bourgeoisie, aber immer in einer unterschiedlichen Ausdehnung, mit unterschiedlichen Formen, Energien, Unauflösbarkeiten. Dieses Teil der Plebs bildet im Verhältnis zu den Machtbeziehungen weniger ein Äußeres als ihre Grenze, ihre Kehrseite, ihre indirekte Folge; er ist dasjenige, was auf jedes Vorrücken der Macht mit einer Bewegung antwortet, um von ihr sich zu befreien; er ist also das, was jede neue Entwicklung von Machtnetzen motiviert. Die Auflösung der Plebs kann in drei Weisen vor sich gehen: entweder durch ihre wirkliche Unterwerfung, oder durch ihre Nutzbarmachung als Plebs (siehe das Beispiel der Delinquenz im 19. Jahrhundert), oder auch indem sie selbst sich einer Widerstandsstrategie gemäß fixiert. Diesen Gesichtspunkt der Plebs, der im Verhältnis zur Macht der Gesichtspunkt ihrer Kehrseite und Grenze ist, sich zueigen zu machen, ist demnach unverzichtbar, um die Analyse ihrer Dispositive zu leisten; von hier aus kann ihr Funktionieren und können ihre Entwicklungen verstanden werden. Ich denke nicht, daß das in irgendeiner Weise mit einem die Plebs zur Substanz erhebenden Neo-Populismus verwechselt werden kann, oder mit einem Neo-Liberalismus, der den Lobgesang ihrer ursprünglichen Rechte singen würde.

LES REVOLTES LOGIQUES: Die Frage nach der Ausübung der Macht wird heute gern in den Termini der Liebe (zum Herrn) oder des Wunsches (der Massen nach dem Faschismus) gedacht. Läßt sich die Genealogie dieser Subjetivierung aufzeigen? Und lassen sich die Formen des Einverständnisses, die "Gründe des Gerhorsams" spezifizieren, deren Funktionieren sie verschleiert?

Für das eine Lager begründet sich vom Geschlecht her die unausweichliche Existenz des Herrn, für das andere die radikalste Subversion. Damit wird die Macht als Untersagung repräsentiert, das Gesetz als Form und das Geschlecht als Inhalt des Verbots. Ist dieses Dispositiv - das zwei widersprüchliche Diskurse autorisiert - an den "Zufall" der freudschen Entdeckung gebunden oder verweist es auf eine spezifische Funktion der Sexualität in der Ökonomie der Macht?

M. FOUCAULT: Mir scheint nicht, daß man diese beiden Begriffe: Liebe zum Herrn und Wunsch der Massen nach dem Faschismus in derselben Weise angehen kann. Gewiß findet man in beiden Fällen eine bestimmte "Subjektivierung" der Machtverhältnisse; doch kommt sie hier und dort nicht in derselben Weise zustande.

Störend an der Behauptung eines Wunsches der Massen nach dem Faschismus ist, daß die Behauptung den Mangel einer präzisen historischen Analyse verdeckt. Ich sehe darin vor allem die Wirkung einer generellen Komplizenschaft in der Weigerung, zu dechiffrieren, was der Faschismus wirklich gewesen ist (eine Weigerung, die entweder durch die Generalisierung übersetzt wird: der Faschismus ist überall und vor allem in unseren Köpfen, oder durch die marxistische Schematisierung). Die Nicht-Analyse des Faschismus ist eine der wichtigen politischen Tatsachen dieser letzten dreißig Jahre. Das gestattet es, aus ihm einen flottierenden Signifikanten zu machen, dessen Funktion wesentlich die der Denunziation ist: die Verfahren jeder Macht werden verdächtigt, faschistisch zu sein - ebenso wie die Massen verdächtigt werden, faschistisch in ihren Wünschen zu sein. Hinter der Behauptung eines Wunsches der Massen nach dem Faschismus verbirgt sich ein historisches Problem, zu dessen Lösung man noch nicht über die angemessenen Mittel verfügt.

Der Begriff der "Liebe zum Herrn" stellt, glaube ich, andere Probleme. Er bezeichnet eine bestimmte Art und Weise, das Problem der Macht nicht zu stellen, oder mehr noch, es in einer Weise zu stellen, die nicht erlaubt, es zu analysieren. Und zwar wegen der Inkonsistenz des Begriffs des Herrn, in dem bloß die diversen Phantome des Herrn und seines Sklaven, des Meisters und seines Schülers, des Meisters und seines Arbeiters, des Herrn, der das Gesetz gibt und die Wahrheit sagt, des Herrn, der zensuriert und verbietet, herumgeistern.

An diese Reduktion der Machtinstanz auf die Figur des Herrn ist deshalb eine andere gebunden: die Reduktion von Machtprozeduren auf das Gesetz der Untersagung. Diese Reduktion auf das Gesetz spielt drei bedeutsame Rollen:
- sie erlaubt ein Schema der Macht geltend zu machen, das auf jedwedem Niveau, auf das man sich stellt, und in jedwedem Bereich: Familie oder Staat, Erziehungs- oder Produktionsverhältnis, homogen ist;
- sie erlaubt es, die Macht nie anders denn in negativen Termini zu denken: als Ablehnung, Beschränkung, Sperre, Zensur. Die Macht ist das, was nein sagt. Und die Herausforderung der so begriffenen Macht erscheint lediglich als Übertretung;
- sie erlaubt es, die fundamentale Operation der Macht als Sprechakt zu denken: als Aussage des Gesetzes, (oder) Diskurs des Verbots. Die Manife-

station der Macht nimmt die nackte Form des "Du darfst nicht" an.
Eine derartige Konzeption verschafft eine gewisse Anzahl von epistemologischen Vorteilen. Und zwar aufgrund der Möglichkeit, sie mit einer auf die Analyse der großen Verbote der Allianz zentrierten Ethnologie und einer auf die Mechanismen der Verdrängung zentrierten Psychoanalyse zu verbinden. Ein und dieselbe "Formel" der Macht (das Verbot) wird auf diese Weise auf alle Formen von Gesellschaften und allen Ebenen der Unterwerfung appliziert. Indem man nun aus der Macht die Instanz des Nein macht, wird man zu einer doppelten "Subjektivierung" verleitet: nach der Seite hin, wo sie ausgeübt wird, wird die Macht als eine Art von - realem, imaginärem, oder, was ganz gleich ist, rein juridischem - großen absoluten Subjekt begriffen, welches das Verbot artikuliert: als Souveränität des Vaters, des Monarchen, oder des "volonté générale". Nach der Seite hin, wo die Macht erduldet wird, tendiert man gleichermaßen dazu, sie zu "subjektivieren", indem man den Punkt bestimmt, an dem sich die Hinnahme des Verbots vollzieht, den Punkt, an dem man zur Macht "ja" oder "nein" sagt; und um von der Ausübung der Souveränität Rechenschaft zu geben, unterstellt man so entweder den Verzicht auf Naturrecht oder den Gesellschaftsvertrag oder die Liebe zum Herrn. Angefangen bei dem von den klassischen Juristen errichteten Gebäude bis hin zu aktuellen Konzeptionen scheint mir das Problem immer in denselben Termini gestellt worden zu sein: eine essentiel negative Macht, die einerseits einen Souverän voraussetzt, dessen Rolle darin besteht, zu verbieten, und andererseits ein Subjekt, das wohl in gewisser Weise zu diesem Verbot ja sagen muß.

Die gegenwärtige Analyse der Macht in Termini der Libido wird immer durch diese überkommene juridische Konzeption artikuliert.

Woher das jahrhundertealte Privileg einer solchen Analyse? Warum wird die Macht so regelmäßig mit Hilfe der bloß negativen Termini des Untersagungs-Gesetzes dechiffriert? Warum wird die Macht unmittelbar als Rechtssystem reflektiert? Zweifellos wird man antworten, daß in den abendländischen Gesellschaften das Recht immer als Maske der Macht gedient hat. Es sieht so aus, als würde diese Erklärung nicht ganz ausreichen. Das Recht ist ein wirksames Instrument der Konstitution monarchischer Mächte in Europa gewesen und jahrhundertelang ist das politische Denken am Problem der Souveränität und ihrer Rechte ausgerichtet worden. Andererseits war das Recht vor allem im 18. Jahrhundert eine Waffe im Kampf gegen dieselbe monarchische Macht, die seiner sich bedient hatte, um sich zu behaupten. Schließlich war das Recht der hauptsächlichste Modus der Repräsentation der Macht (und bei Repräsentation darf nicht an Verschleierung oder Illusion gedacht werden, sie ist vielmehr als Modus wirklicher Aktion zu verstehen).

Das Recht ist weder die Wahrheit noch das Alibi der Macht. Es ist für sie ein zugleich komplexes und partielles Instrument. Die Form des Gesetzes und die Wirkungen der Verbote, die sie trägt, sind unter viele andere, nicht juridische Mechanismen einzuordnen. So darf das Strafsystem weder einzig und allein als Apparat der Untersagung und Repression einer Klasse gegenüber einer anderen analysiert werden, noch ebensowenig als ein Alibi, das die gesetzlosen Gewalttätigkeiten der herrschenden

Klasse deckt; es erlaubt eine politische und ökonomische Verwaltung durch die Differenz zwischen Legalität und Gesetzwidrigkeiten hindurch. Das nämliche gilt für die Sexualität: zweifellos ist das Verbot nicht die wichtigste Form, in der die Macht sie besetzt.

LES REVOLTES LOGIQUES: Die Analyse der Machttechniken steht gegen die Diskurse über die Liebe zum Herren oder den Wunsch nach dem Faschismus. Aber läßt sie ihnen nicht auch freie Bahn, indem sie die Macht verabsolutiert, indem sie voraussetzt, daß die Macht immer schon da ist, in ihrem Sein sich immer gleich bleibend einer ebenso immer gleichen Massenguerilla gegenüber, und indem sie die Frage fallen läßt: wem und wozu dient sie? Steht dahinter nicht ein zweideutiges Verhältnis der politischen Anatomie zum Marxismus: indem nämlich der als <u>Ratio</u> der Machtausübung verworfene Klassenkampf gleichwohl als letzte Garantie der Verstehbarkeit der Dressur des Körpers und Geistes (zwecks Produktion einer Arbeitskraft, die den Aufgaben, die die kapitalistische Ausbeutung ihr zuweist, gewachsen ist, usw.) funktioniert?

M. FOUCAULT: Mir scheint, es ist wahr, daß die Macht "immer schon da" ist; daß man niemals "draußen" ist, daß es für die Bocksprünge derjenigen, die mit ihr brechen, keine "Spielräume" gibt. Aber das bedeutet nicht, daß man eine nicht-konturierbare Form der Herrschaft oder ein absolutes Privileg des Gesetzes anerkennen muß. Daß man sich niemals "außerhalb der Macht" aufhalten kann, heißt nicht, daß man unter allen Umständen in der Falle sitzt.
Für mich liegt es (im Sinne von zu untersuchenden

Hypothesen) vielmehr nahe, davon auszugehen:

- daß die Macht dem gesellschaftlichen Körper koextensiv ist; es gibt zwischen den Maschen ihres Netzes keine Zonen elementarer Freiheiten;
- daß die Machtbeziehungen in andere Typen von Beziehungen (der Produktion, der Allianz, der Familie, der Sexualität) verwickelt sind, in denen sie eine zugleich bedingende und bedingte Rolle spielen;
- daß sie nicht der alleinigen Form des Verbots und der Züchtigung gehorchen, sondern vielfältige Formen annehmen;
- daß ihre Überschneidung allgemeine Gegenheiten der Herrschaft hervortreten läßt, daß diese Herrschaft sich als mehr oder weniger kohärente und einheitliche Strategie organisiert; daß die verstreuten, heteromorphen und lokalen Prozeduren der Macht durch diese globalen Strategien readjustiert, verstärkt und transformiert werden, und all das mit zahlreichen Erscheinungen von Trägheit, mit Verlagerungen und Widerständen; daß man sich also nicht ein primäres und massives Faktum von Herrschaft vorgeben darf (eine binäre Struktur mit einerseits den "Herrschenden" und andererseits den "Beherrschten"), sondern eher eine vielförmige Produktion von Herrschaftsverhältnissen, die partiell in Gesamtstrategien integrierbar sind;
- daß die Machtbeziehungen in der Tat zu etwas "dienen", aber nicht so sehr deshalb, weil sie "im Dienst" eines ursprünglich gegebenen ökonomischen Interesses stehen, sondern weil sie in Strategien nutzbar gemacht werden können;
- daß es keine Machtbeziehungen ohne Widerstände gibt; daß diese um so realer und wirksamer sind, als sie eben da sich formieren, wo die Machtbeziehungen ausgeübt werden; der Widerstand gegen

die Macht muß nicht woanders her kommen, um real zu sein, trotzdem sitzt er nicht in der Falle, weil er ein Brutgenosse der Macht ist. Er existiert um so mehr, als er da ist, wo auch die Macht ist; es ist also wie sie multipel und in globale Strategien integrierbar.

Mithin muß der Klassenkampf nicht "die Ratio der Machtausübung" sein, um "Garantie der Verstehbarkeit" bestimmter großer Strategien sein zu können.

LES REVOLTES LOGIQUES: Kann die Analyse des Verhältnisses von Massenguerilla und Macht dem reformistischen Denken entgehen, das aus der Revolte ein Signal macht, das auf dem Höhepunkt eine neue Anpassung erzwingt, oder einen Köder, durch den eine neue Form von Herrschaft sich einrichtet? Kann man die Verweigerung jenseits des Dilemmas von Reformismus und Purismus denken? In dem Gespräch mit Deleuze in "L'Arc" (2) bekam die Theorie die Funktion einer Werkzeugkiste im Dienst neuer politischer Subjekte auf der Basis von Erfahrungen wie denen der G.I.P. Wie kann man heute, da die traditionellen Parteien in der Linken ihre Hegemonie wiederhergestellt haben, aus der Werkzeugkiste etwas anderes als ein Instrument zur Erforschung der Vergangenheit machen?

M. FOUCAULT: Man muß die Kritik des Reformismus als einer politischen Praxis unterscheiden von der Kritik einer politischen Praxis aufgrund des Verdachts, sie könne Anlaß geben zu einer Reform. Diese zweite Form von Kritik ist in den Gruppen der extremen Linken weit verbreitet und ihre Verwendung gehört zu den Mechanismen des Mikro-

Terrorismus, über die sie oftmals funktioniert haben. Sie besteht darin, zu sagen: "Vorsicht: welches auch immer die ideale Radikalität Eurer Intentionen sein mag, Eure Aktion ist so lokal, Eure Ziele sind so isolierte, daß der Gegner sich genau an diesem Punkt auf die Situation wird einstellen können, er wird nachgeben, wenn er muß, ohne aber deshalb, was seine Gesamtsituation betrifft, in Verlegenheit zu geraten; schlimmer noch, er wird dadurch die Punkte notwendiger Transformation ermitteln; und schon seid Ihr vereinnahmt". Damit ist das Anathema lanciert. Diese Kritik "vermittels" des Reformismus scheint mir auf zwei Irrtümern zu beruhen:

- die Verkennung der strategischen Form, die die Prozesse des Kampfes annehmen. Geht man davon aus, daß die zugleich allgemeine und konkrete Form des Kampfes der Widerspruch ist, dann ist es sicher, daß all das, was ihn lokalisieren kann, all das, was erlaubt, ihm Rechnung zu tragen, den Wert einer Sperre oder einer Blockierung haben wird. Aber das Problem besteht darin, zu erfassen, ob denn die Logik des Widerspruchs als Prinzip des Verstehens und als Regel für die Aktion im politischen Kampf dienen kann. Man rührt da an eine bedeutsame historische Frage: wie kommt es daß man seit dem 19. Jahrhundert so beharrlich dazu tendiert hat, die spezifischen Probleme des Kampfes und seiner Strategie mit der dürftigen Logik des Widerspruchs zu lösen? Es gibt dafür eine ganze Reihe von Gründen, die man wohl eines Tages wird analysieren müssen. Jedenfalls muß man versuchen, den Kampf, seine Formen, Ziele, Mittel und Prozesse gemäß einer von den sterilisierenden Zwängen der Dialektik befreiten Logik zu denken. Um die gesellschaftliche Bindung zu denken, hat sich das "bürgerliche" politische Denken des 18. Jahrhunderts die juridische Form des Vertrags zugelegt. Um den Kampf zu denken, hat sich das "revolutionäre" Denken des 19. Jahrhunhunderts die logische Form des Widerspruchs zugelegt: diese ist zweifellos nicht mehr wert als jene. Die großen Staaten des 19. Jahrhunderts dagegen haben sich ein strategisches Denken zugelegt, während die revolutionären Kämpfe ihre Strategie nur in einer sehr von den Umständen abhängigen Weise gedacht haben, wobei sie sie immer in den Horizont des Widerspruchs einzuschreiben suchten.

- Die Phobie vor der reformistischen Replik seitens des Gegners ist noch an einen anderen Irrtums gebunden. Dieser liegt in dem Privileg, das man dem einräumt, was man ohne zu lachen die "Theorie" des schwächsten Gliedes (3) nennt: ein lokaler Angriff darf Sinn und Legitimität für sich nur dann in Anspruch nehmen, wenn er sich gegen das Element richtet, das, indem es springt, das vollständige Zerreißen der Kette gestattet: also zwar lokale Aktion, aber eine, die sich durch die Wahl ihrer Plazierung radikal gegen das Ganze richtet. Auch hier müßte man sich wieder fragen, warum dieser Lehrsatz im 20. Jahrhundert einen solchen Erfolg gehabt hat und warum man ihn zur Theorie erhob. Gewiß, er hat erlaubt, das für den Marxismus Unvorhersehbare zu denken: die Revolution in Rußland. Aber ganz allgemein muß man wohl anerkennen, daß es sich dabei nicht um einen dialektischen, sondern um einen - übrigens höchst elementaren - strategischen Lehrsatz handelt. Er ist das für ein von der dialektischen Form bestimmtes Denken annehmbare strategische Minimum gewesen und trotzdem der Dialektik noch sehr nahe geblieben, da er für eine lokale Situation die Möglichkeit aussagte, als Widerspruch des Ganzen zu gelten. Daher die Feierlichkeit, mit der man diesen "leninistischen" Lehrsatz, der gerade mal dem ersten Ausbildungsstand eines Leutnants der Reserve entspricht, zur "Theorie" erhaben hat. Und im Namen dieses Lehrsatzes terrorisiert man jede lokale Aktion mit dem folgenden Dilemma: entweder Ihr führt einen lokalen Angriff, aber dann müßt Ihr auch sicher sein, daß es das schwächste Glied ist, dessen Zerbrechen alles hoch gehen läßt; oder aber das Ganze ist nicht hoch gegangen, das Glied war nicht das schwächste, der Gegner brauchte bloß seine Front zu begradigen, die Reform hat Euren Angriff resorbiert.

Mir scheint, daß diese ganze Einschüchterung aus Angst vor der Reform an die Unzulänglichkeit einer dem politischen Kampf - dem Kampf im Feld der politischen Macht - angemessenen strategischen Analyse gebunden ist. Die Rolle der Theorie scheint mir heute genau darin zu bestehen: nicht eine globale Systematizität, die alles an seinen Platz stellt, zu formulieren, sondern die Spezifität der Machtmechanismen zu analysieren, die Verbindungen, die Ausdehnungen zu ermitteln, nach und nach das Gebäude eines strategischen Wissens zu errichten. Wenn die "traditionellen Parteien in der Linken" und auch über diverse Kämpfe, die von ihnen nicht kontrolliert wurden, "ihre Hegemonie wiederhergestellt haben", dann war - unter vielen anderen - einer der Gründe dieses Vorgangs der, daß man sich für die Analyse ihrer Entwicklung und Wirkungen kaum mehr als eine durch und durch inadäquate Logik gegeben hat.

Theorie als Werkzeugkiste - das soll heißen:
- daß es darum geht, nicht ein System, sondern ein Instrument zu konstruieren: eine den Machtverhältnissen und den um sie herum ausbrechenden Kämpfen angemessene Logik;
- daß diese Untersuchung nur nach und nach, ausgehend von einer (in bestimmten Dimensionen notwendig historischen) Reflexion auf gegebene Situationen vonstatten gehen kann.

N.B. - Diese Fragen sind mir schriftlich gestellt worden. Ich habe in derselben Weise geantwortet, aber improvisierend und praktisch ohne irgendetwas an der ersten Fassung zu ändern. Nicht weil ich an die Kraft der Spontaneität glaube, sondern um den vorgebrachten Behauptungen ihren problematischen, bewußt unsicheren Charakter zu lassen. Was ich hier gesagt habe, ist nicht das, "was ich denke", sondern oft das, von dem ich mich frage, ob man es nicht denken könnte.

Aus dem Französischen von Hans-Joachim Metzger

Anmerkungen

(1) Anzumerken ist, daß es in Frankreich nicht wie in anderen Ländern regelmäßige Veröffentlichungen der sowjetischen Gegen-Kultur gibt. Sie, und nicht die Texte von Marx, sollten das Material unserer Reflexion abgeben.
(2) in: G. Deleuze/M. Foucault, Der Faden ist gerissen, Berlin 1977, S. 86ff.
(3) A.d.Ü.: Vgl. zur Erhebung des leninistischen Themas des "schwächsten Gliedes" zur "Theorie" Louis Althusser, Für Marx, Ffm. 1968, S. 57ff.

DIE GROSSE WUT ÜBER DIE TATSACHEN
Über "Les Maitres Penseurs" von André Glucksmann

Was hat sich in unseren Köpfen abgespielt, in den letzten fünfzehn Jahren? In einem ersten Anlauf würde ich sagen: ein wütender Schmerz, eine ungeduldige, aufgebrachte Sensibilität für das, was sich abspielt, eine Intoleranz gegen die theoretische Rechtfertigung und die ganze schleichende Beruhigungsarbeit, die der "wahre" Diskurs Tag für Tag leistet. Vor dem Hintergrund des bläßlichen Dekors, den die Philosophie, die Politische Ökonomie und soviel andere schöne Wissenschaften aufgebaut hatten, haben sich plötzlich Irre erhoben und Kranke, Frauen, Kinder, Gefangene, Gemarterte und Tote zu Millionen. Gott weiß wohl, daß wir mit Theoremen, Prinzipien und Wörtern gewappnet waren, um all das zu zerbröseln. Welcher Appetit auf einmal, diese so nahen Fremden zu sehen und zu hören? Welche Besorgnis um so unfeine Dinge? Wir sind von der Wut über die Tatsachen gepackt worden. Wir haben aufgehört, die zu ertragen, die uns sagten - oder vielmehr das Getuschel in uns, das sagte: "Macht nichts, eine Tatsache für sich allein wird nie etwas sein; höre, lies, warte; das wird sich ferner, später, höher erklären."

Wiedergekommen ist die Zeit Candides, in der man die ewige kleine Leier nicht mehr hören kann, die alles vernünftig erklärt. Die Candides des 20. Jahrhunderts, die die alte und die neue Welt inmitten von Massakern, Schlachten, Leichenhaufen und Terrorisierten durchzogen haben, existieren. Wir haben sie gesehen: Ukrainer und Chilenen, Tschechen und Griechen. Die Moral des Wissens ist vielleicht heute: das Wirkliche stechend, scharf, kantig, unannehmbar machen. Es irrational machen? Ja, wenn es rational machen heißt, es friedlich, ruhig und sicher machen, es in eine große theoretische Maschine zur Produktion herrschender Rationalitäten einspeisen. Ja, wenn es irrational machen dazu führt, daß es aufhört, notwendig zu sein, daß es Zugriffen, Kämpfen, Auseinandersetzungen zugänglich wird. Begreifbar und angreifbar in dem Maße, wie man es "derationalisiert" hat.

Kürzlich hörte ich Glucksmann sagen, man müsse Kants alte Frage fallen lassen: "Was darf ich hoffen?" Man sollte sich eher fragen: "Woran muß man verzweifeln?" Ja, wovon muß man sich losmachen? Wovon darf man sich nicht mehr einschläfern oder mittreiben lassen? Was kann man nicht mehr sich von selbst verstehen lassen - d.h. an unser Statt und für uns? Gegen die Diskurse, die uns unter dem Gewicht ihrer Versprechungen stillhalten, hat Glucksmann jubelnd, lachend, schreiend einen "Traktat der Verzweiflung" geschrieben. Die ein wenig schulmeisterliche und nicht ganz passende Anspielung sehe man mir nach: die Profession eines Kierkegaard des Marxismus ist zur Zeit stark gefragt und Glucksmann sucht sie nicht.

Und doch bleibt seine Frage wie für jeden Philosophen seit 150 Jahren: wie nicht mehr Hegelianer sein? Allerdings fragt sich Glucksmann nicht, wie man Hegel umdrehen, auf die Füße oder auf den Kopf stellen, von seinem Idealismus befreien, mit Ökonomie beschweren, fragmentieren, humanisieren könne. Sondern wie überhaupt nicht Hegelianer sein.

Die entscheidende Probe für die Philosophie der Antike war ihre Fähigkeit, Weise hervorzubringen; im Mittelalter: das Dogma zu rationalisieren; im klassischen Zeitalter: die Wissenschaft zu begründen; in der modernen Epoche ist es ihre Kompetenz, Massaker zu legitimieren. Jene halfen dem Menschen, seinen eigenen Tod zu ertragen; diese machen ihm den Tod der anderen erträglich.

Die napoleonischen Massaker hatten eine würdige Nachkommenschaft in den anderthalb Jahrhunderten, die ihnen folgten. Aber es trat ein anderer Typ des Menschenopfers auf den Plan - Hitler, Stalin (die Vermittlung zwischen jenen und diesen und das Modell zu diesen findet sich zweifellos in den kolonialen Völkermorden). Den Gulag wollte eine ganze Linke - wenn nicht wie die Kriege durch die Theorie der Geschichte - durch die Geschichte der Theorie erklären. Massaker, ja, ja. Aber es war ein schrecklicher Irrtum. Nehmt also wieder Marx oder Lenin zur Hand, vergleicht mit Stalin und ihr werdet sehen, wo sich dieser geirrt hat. Soviele Tote, das ist doch klar, konnten nur aus einem Lesefehler hervorgehen. Es war vorauszusehen: der Stalinismus-Irrtum war einer der Hauptagenten jener Rückkehr zur Marxismus-Wahrheit, zum Marxismus-Text, der man in den Sechzigerjahren beigewohnt hat. Gegen Stalin hört nicht auf die Opfer, die nur ihre Martern zu erzählen hätten. Lest die Theoretiker wieder. Sie werden euch die Wahrheit des Wahren sagen.

Von Stalin stiegen die erschreckten Theoretiker wieder hinauf zu Marx als ihrem Stammbaum. Glucksmann hatte die Stirn, sich bis zu Solschenyzin herabzulassen. Das ist der Skandal von "Köchin und Menschenfresser" (Berlin 1976). Aber der kaum verziehene Skandal bestand nicht darin, Lenin oder irgendeiner anderen sakrosankten Figur das Gewicht künftiger Fehler aufgebürdet zu haben oder aufzubürden. Sondern zu zeigen, daß es keine "Abweichung" gab, daß man in der richtigen Richtung geblieben war; daß der Stalinismus die Wahrheit, die "ein wenig" enthäutete Wahrheit eines politischen Diskurses war, der derjenige von Marx und anderer vor ihm vielleicht gewesen ist. Mit dem Gulag sah man nicht die Folgen eines unglückseligen Irrtums, sondern die Wirkungen der "wahrsten" Theorie in der Ordnung der Politik. Diejenigen, die sich zu retten suchten, in dem sie Marxens wahren Bart Stalins falscher Nase entgegensetzten, waren gar nicht begeistert.

Das Feuerwerk der "Maitres Penseurs", ihre Schönheit, ihre jähen, sprühenden, lachenden Ausbrüche: das ist nicht Beiwerk einer Laune, sondern der Notwendigkeit. Glucksmann will sich mit nackten Händen schlagen: nicht ein Denken durch ein anderes widerlegen, nicht es in Widerspruch zu ihm selber setzen, ihm auch nicht Tatsachen entgegenwerfen, sondern es mit der ihm nacheifernden Wirklichkeit konfrontieren, ihm die Nase in das von ihm verabscheute, losgesprochene und gerechtfertigte Blut halten. Es geht darum, die Ideen mit den ihnen so ähnlichen Totenköpfen zu schmücken. Wie der von weitem die Schlachtfelder Verduns beobachtende Wilhelm II. möchte die Philosophie sagen: "Das hatte ich nicht gewollt." Aber Glucksmann nimmt sie am Ärmel, zieht sie von ihrem Katheder herunter, läßt sie über die Leichenhaufen stolpern und flüstert ihr zu: "Sag bloß, daß du dich darin nicht erkennst!"

Daß sie sich worin nicht erkennt? In den Spielen des Staats und der Revolution. Die Revolution, die England im 17. Jahrhundert erlebte, war glorreich:

sie diente als Vorbild, ihre Prinzipien wurden verbreitet, sie hatte ihre Historiker und ihre Rechtsphilosophen. Im großen und ganzen lag ihre Bedeutung in ihren Ergebnissen. Anders die Französische Revolution. Weniger als die Ergebnisse war es das Ereignis selbst, das Fragen aufwarf: Was ist da eigentlich passiert? Worin bestand die Revolution? Handelt es sich um die Revolution? Kann sie, muß sie von neuem beginnen? Ist sie unvollständig, muß man sie vollenden? Ist sie vollendet, welche andere Geschichte hebt damit an? Was muß man jetzt tun, um die Revolution zu machen, um die Revolution zu verhindern?
Sobald man ein bißchen an den Diskursen der Philosophen, aber auch an der Politischen Ökonomie, an der Historie, an den Humanwissenschaften des 19. Jahrhunderts kratzt - man stößt immer auf eines: auf die Konstituierung eines Wissens um die Revolution: für sie oder gegen sie. Was das 19. Jahrhundert "zu denken" hatte (wie die Philosophen sagen würden), ist diese große Drohung und Verheißung, diese schon zu ihrem Ende gekommene Möglichkeit, diese ungewisse Wiederkehr.

In Frankreich sind es die Historiker, die die Revolution gedacht haben. Eben weil sie unserem Gedächtnis angehört hat. Die Historie nimmt bei uns den Platz der Philosophie ein (gewiß haben auch die französischen "Philosophen" an die Revolution gedacht; aber nie haben sie sie gedacht - mit Ausnahme von Comte und Sartre, denen allein in ihrer Gegensätzlichkeit eine über den Tag hinausreichende Bedeutung zukommt). Darum war es das Hauptanliegen der Historiker (mit der bemerkenswerten Ausnahme von Furet und Richet*), vor allem aufzuzeigen, daß die

*D. Richet und F. Furet: "Die Franz. Revolution", Ffm 1968

Revolution wirklich stattgefunden hat, daß sie ein einzigartiges , lokalisierbares, vollendetes Ereignis ist. Daher ihr Eifer, alles unter das einzige Zeichen der Revolution zu stellen, die aufgrund ihrer Anziehungskraft alle Konfrontationen, Rebellionen und Resistenzen "befehligt", die unsere Gesellschaft unaufhörlich durchkreuzen.

In Deutschland ist die Revolution von der Philosophie gedacht worden. Nach Glucksmann nicht, weil den Deutschen mit ihrer Rückständigkeit gegenüber der englischen Ökonomie und der französischen Politik nur noch Ideen zum Träumen blieben. Sondern weil sie sich in einer exemplarischen und prophetischen Situation befanden. Nacheinander von den Bauernkriegen, vom Aderlaß des Dreißigjährigen Krieges und von den Napoleonischen Invasionen heimgesucht, war Deutschland für die Apokalypse reif. Eine neue Erde: es werde Staat und es beginne das Gesetz. Deutschland sehnte sich mit ein und demselben Begehren nach dem Staat und nach der Revolution: Bismarck, die Sozialdemokratie, Hitler und Ulbricht folgen einander auf dem Fuß. Das Absterben des Staates und der Abschied von der Revolution waren für Deutschland immer nur flüchtige Träume.

Hier scheint mir das Zentrum von Glucksmanns Buch zu liegen, die fundamentale Frage, die er als erster aufwirft: wie hat es die deutsche Philosophie fertiggebracht, aus der Revolution die Verheißung eines wahren, eines guten Staates und aus dem Staat die ruhige und vollendete Form der Revolution zu machen? Alle unsere Unterwerfungen leiten sich von zwei wohlwollenden Einladungen her: Beeilt euch mit der Revolution, sie wird euch den Staat geben, den ihr braucht! Macht schnell einen Staat, er wird euch mit den vernünftigen Wirkungen der Revolution großzügig überschütten! Die Revolution als Anfang und Ende denkend haben die deutschen Denker sie an den Staat gebunden und sie haben den Revolutions-Staat mit all seinen Endlösungen vorgezeichnet. So haben die Meisterdenker den ganzen Geistesapparat zusammengebaut, der die Herrschaftssysteme und die Gehorsamsverhaltensweisen in den modernen Gesellschaften stützt. Immerhin mußten sie vier Feinde beschwören, vier Vagabunden, Nörgler, Teilnahmslose, die sich angesichts des Revolutions-Staates weigern, die apokalyptischen Reiter zu spielen:

Den Juden , der die Bodenlosigkeit repräsentiert, das zirkulierende Geld, das Nomadentum, das Privatinteresse, die unmittelbare Beziehung zu Gott: lauter Staatsfluchten. Der Antisemitismus, der im deutschen Denken des 19. Jahrhunderts grundlegend war, wirkte wie eine großangelegte Apologie des Staates. Er war auch der Mutterboden aller Rassismen, die die Irren, die Anormalen, die Metöken stigmatisiert haben. Seid nicht Juden, seid Griechen, sagen die Meisterdenker. Sagt "wir", wenn ihr "ich" denkt.

Panurg den Ungewissen, der ständig fragt und sich nie entscheidet, der sich verheiraten will und kein gehörnter Ehemann sein will, der die endlosen Schulden preist. Tretet lieber in die Abtei von Thélème ein: dort werdet ihr frei sein - weil man euch den Befehl dazu gibt; dort werdet ihr tun, was ihr wollt - aber die andern werden genau dasselbe zur selben Zeit tun. Gehorcht dem Befehl, frei zu sein. Leistet Widerstand - so werdet ihr im Gesetz sein; tut ihr es nicht, so seid ihr ungehorsam - wie ich es eben von euch erwarte.

Sokrates, der nichts wußte, aber der daraus den dummen Schluß zog, daß die einzige Sache, die er wußte, dies war, daß er nichts wußte. Wo er doch hätte erkennen müssen: ich weiß nicht, weil andere wissen. Das Bewußtsein des Nichtwissens muß ein hierarchisches Bewußtsein sein. Wißt, sagen die Meisterdenker, wißt ihr Unwissenden, daß der Weise an eurer Stelle .weiß: der Gelehrte, der Diplomierte, der Techniker, der Staatsmann, der Bürokrat, die Partei, der Leiter, der Verantwortliche, die Elite.

Und schließlich Bardamu den Deserteur, der damals, als sich alle Welt am Bajonett aufspießte, meinte, jetzt könne man sich nur noch aus dem Staub machen.

So lehren die Meisterdenker zum höchsten Wohle des Revolutions-Staates die Liebe zum Vaterland, die Verpflichtung zur Freiheit, die Hierarchien des Wissens und die Hinnahme der Massaker ohne Ende. Glucksmann demontiert den feierlichen Dekor jener großen Bühne mit ihren Eingängen zur Rechten und zur Linken, auf der sich seit 1789 die Politik abspielt. Und mitten in den entzauberten Kulissen läßt er den Unwissenden, den Deserteur, den Uninteressierten, den Landstreicher auftreten. Die Meisterdenker: wie einige der großen Philosophie-Bücher (Wagner, Nietzsche) eine Geschichte des Theaters, wo sich zwei Stücke verfremden und verzahnen: Dantons Tod und Woyzeck. Glucksmann beruft sich nicht auf Dionysos gegen Apoll. Sondern im Herzen des höchsten philosophischen Diskurses läßt er die Flüchtlinge, die Opfer, die Unbeugsamen, die Dissidenten, die keine Ruhe geben, aufstehen - jene mit Blut beschmierten Köpfe und überhaupt jene Gespenster, die Hegel aus der Nacht der Welt verbannen wollte.

Aus dem Französischen von Walter Seitter

DER "ANTI-ÖDIPUS" - EINE EINFÜHRUNG IN EINE NEUE LEBENSKUNST *

In den Jahren zwischen 1945 und 1965 (ich beziehe mich hier auf Europa) gab es eine bestimmte Art und Weise, richtig zu denken, einen bestimmten Stil des politischen Diskurses, eine bestimmte Ethik des Intellektuellen. Man mußte wohlvertraut sein mit Marx, man durfte seine Träume nicht allzu weit von Freud abirren lassen. Und Zeichen-Systeme - den Signifikanten - hatte man mit größtem Respekt zu behandeln. Dies waren die drei Anforderungen, die aus der seltsamen Beschäftigung des Schreibens und Sprechens ein Maß der Wahrheit über einen selbst machten und die einen seine Zeit annehmbar finden ließen.

Dann kamen die fünf kurzen, leidenschaftlichen, frohlockenden, rätselhaften Jahre. Vor den Toren unserer Welt lag natürlich Vietnam und für die existierenden Mächte kam es zur ersten großen Niederlage. Aber hier, im Inneren unserer Mauern, was ging hier wirklich vor? War es ein Amalgam revolutionärer und antirepressiver Politik? Ein Zweifrontenkrieg gegen gesellschaftliche Ausbeutung und psychische Repression? Oder eine vom Klassenkampf modulierte Libido-Brandung? Vielleicht. Auf jeden Fall ist es diese familiäre, dualistische Interpretation, die die Erklärung der Ereignisse jener Jahre gepachtet zu haben scheint. Der Traum, der zwischen dem Ersten Weltkrieg und dem Faschismus die verträumtesten Teile Europas verzauberte - das Deutschland Wil-

---

*Erschienen als Vorwort zur amerikanischen Ausgabe des "Anti-Ödipus" von Gilles Deleuze und Félix Guattari. Der deutsche Titel wurde von der Redaktion gewählt.

helm Reichs und das Frankreich der Surrealisten -, war zurückgekehrt und setzte die Realität selbst in Brand: Marx und Freud im selben gleißenden Licht.

Aber war es wirklich das, was geschah? War das utopische Programm der Dreißiger Jahre wieder aufgenommen worden, diesmal im Maßstab historischer Praxis? Oder vollzog sich nicht vielmehr eine Bewegung für politische Kämpfe, die nicht länger dem Modell entsprach, das die marxistische Tradition verordnet hatte? Für ein Experimentieren und eine Technologie des Wunsches, die nicht länger freudianisch waren? Es ist wahr, die alten Fahnen wurden gehißt; doch der Kampf hat sich verlagert und auf neue Zonen ausgeweitet.

Der "Anti-Ödipus" zeigt zunächst, welche Strecke zurückgelegt worden ist. Aber er unternimmt noch weit mehr. Er verschwendet keine Zeit mit der Beschimpfung der alten Idole - auch wenn er eine ganze Menge Spaß an Freud hat. Am wichtigsten ist aber, daß er uns motiviert, weiter zu gehen.

Es wäre ein Fehler, den "Anti-Ödipus" als *die* neue theoretische Referenz zu lesen (also als die feierlich angekündigte Theorie, die endlich alles unter Dach und Fach bringt, die endlich totalisiert und beruhigt, als die Theorie, die wir in unserer Zeit der Auflösung und Spezialisierung, in der es uns an "Hoffnung" fehlt, angeblich "so dringend benötigen"). Inmitten des außerordentlichen Überflusses neuer Vorstellungen und überraschender Begriffe darf man nicht nach einer "Philosophie" Ausschau halten: der "Anti-Ödipus" ist kein aufdringlicher Hegel. Ich denke, am besten kann der "Anti-Ödipus" wie eine "Kunst" gelesen werden, in dem Sinn, in dem man zum Beispiel von einer "Kunst der Erotik" spricht. Belebt durch die scheinbar abstrakten Vorstellungen der Vielheiten, Ströme, Anordnungen und Konnexionen, liefert die Analyse der Beziehungen des Wunsches zur Realität und zur kapitalistischen "Maschine" Antworten auf konkrete Fragen. Fragen, die sich weniger darum drehen, warum dies oder jenes zu tun ist, als vielmehr darum, wie man weiterkommt. Wie bringt man den Wunsch ins Denken ein, in den Diskurs, in die Aktion? Wie kann und muß der Wunsch seine Kräfte im politischen Bereich entfalten und im Prozeß des Umsturzes der etablierten Ordnung intensiver werden? Ars erotica, ars theoretica, ars politica.

Daher die drei Gegner, denen der "Anti-Ödipus" entgegentritt. Drei Gegner, die nicht gleich stark sind, die unterschiedlich gefährlich sind und die das Buch in verschiedener Weise bekämpft:

1. Die politischen Asketen, die traurigen Militanten, die Terroristen der Theorie, diejenigen, die die reine Ordnung der Politik und des politischen Diskurses bewahren möchten. Bürokraten der Revolution und Beamte der Wahrheit.

2. Die armseligen Techniker des Wunsches - Psychoanalytiker und Semiologen jedes Zeichens und Symptoms -, die die Vielheit des Wunsches unter das Joch des doppelten Gesetzes der Struktur und des Mangels zwingen möchten.

3. Der Hauptfeind, der strategische Gegner ist nicht zuletzt der Faschismus (während der Widerstand, den der "Anti-Ödipus" den beiden anderen gegenüber leistet, mehr von der Art eines taktischen Engagements ist). Und nicht nur der historische Faschismus, der

Faschismus Hitlers und Mussolinis - der fähig war, den Wunsch der Massen so wirksam zu mobilisieren und in seinen Dienst zu stellen -, sondern auch der Faschismus in uns allen, in unseren Köpfen und in unserem alltäglichen Verhalten, der Faschismus, der uns die Macht lieben läßt, der uns genau das begehren läßt, was uns beherrscht und ausbeutet.

Ich würde sagen, der "Anti-Ödipus" (mögen seine Autoren mir vergeben) ist ein ethisches Werk, das erste Ethik-Buch, das in Frankreich seit sehr langer Zeit geschrieben worden ist (das erklärt vielleicht, warum sein Erfolg nicht auf einen besonderen "Leserkreis" beschränkt war: anti-ödipal zu sein, ist ein Lebensstil geworden, eine Art und Weise zu denken und zu leben). Wie kann man sich davor bewahren, Faschist zu sein, auch (und besonders dann) wenn man sich für einen revolutionären Militanten hält? Wie können wir unser Sprechen und unser Tun, unsere Herzen und unsere Lüste vom Faschismus befreien? Wie können wir den in unserem Verhalten eingewurzelten Faschismus aufstöbern? Die christlichen Moralisten forschten nach den tief in die Seele eingelagerten Spuren des Fleisches. Deleuze und Guattari verfolgen die leisesten Spuren des Faschismus im Körper.

Dem Hl. Franz von Sales* bescheidene Hochachtung erweisend, könnte man sagen, daß der "Anti-Ödipus" eine Einführung in das nicht-faschistische Leben ist.

Diese Lebenskunst gegen alle schon vorhandenen

*Ein Priester des 17. Jhdt's und Bischof v. Genf, bekannt für seine "Introduction à la vie dévote" (Einführung in das demütige Leben) (A.d.Ü.)

oder drohenden Formen des Faschismus schließt eine bestimmte Anzahl wesentlicher Prinzipien ein, die ich folgendermaßen zusammenfassen würde, hätte ich aus diesem großartigen Werk ein Handbuch oder einen Leitfaden des Alltagslebens zu machen:

- Befreie die politische Aktion von jeder vereinheitlichenden und totalisierenden Paranoia!
- Entfalte Aktion, Denken und Wünsche durch Proliferation, Juxtaposition und Disjunktion - und nicht durch Unterteilung und pyramidische Hierarchisierrung!
- Verweigere den alten Kategorien des Negativen (Gesetz, Grenze, Kastration, Mangel, Lücke), die das westliche Denken so lange als eine Form der Macht und einen Zugang zur Realität geheiligt hat, jede Gefolgschaft! Gib dem den Vorzug, was positiv ist und multipel, der Differenz vor der Uniformität, den Strömen vor den Einheiten, den mobilen Anordnungen vor den Systemen! Glaube daran, daß das Produktive nicht seßhaft ist, sondern nomadisch!
- Denke nicht, daß man traurig sein muß, um militant sein zu können - auch dann nicht, wenn das, wogegen man kämpft, abscheulich ist! Es ist die Konnexion des Wunsches mit der Realität (und nicht sein Rückzug in Repräsentationsformen), die revolutionäre Kraft hat.
- Gebrauche das Denken nicht, um eine politische Praxis auf Wahrheit zu gründen - und ebensowenig die politische Aktion, um eine Denklinie als bloße Spekulation zu diskreditieren! Gebrauche die politische Praxis als Intensifikator des Denkens und die Analyse als Multiplikator der Formen und Bereiche der Intervention der politischen Aktion!
- Verlange von der Politik nicht die Wiederherstellung der "Rechte" des Individuums, so wie die Philosophie sie definiert hat! Das Individuum ist das

Produkt der Macht. Viel nötiger ist es, zu "ent-individualisieren", und zwar mittels Multiplikation und Verschiebung, mittel diverser Kombinationen. Die Gruppe darf kein organisches Band sein, das hierarchisierte Individuen vereinigt, sondern soll ein dauernder Generator der Ent-Individualisierung sein.
- Verliebe Dich nicht in die Macht!

Man könnte sogar behaupten, daß Deleuze und Guattari sich so wenig um die Macht scheren, daß sie versucht haben, die Effekte der Macht, die mit ihrem eigenen Diskurs verbunden sind, zu neutralisieren. Deshalb die im ganzen Buch verstreuten Spiele und Schnurren, die seine Übersetzung wahrlich zu einem wagemutigen Meisterstück machen. Aber das sind nicht die vertrauten Fallstricke der Rhetorik; das ist kein neuer Apparat, um den Leser zu lenken, ohne daß er der Manipulation gewahr wird, und ihn schließlich gegen seinen Willen herumzukriegen. Die Fallen des "Anti-Ödipus" sind die des Humors: so viele Einladungen, sich provozieren zu lassen, den Text hinzuwerfen und die Tür hinter sich zu zu knallen. Oft läßt das Buch einen glauben, alles sei Spaß und Spiel, während etwas Wesentliches vorgeht, etwas von äußerstem Ernst: das Aufspüren aller Arten von Faschismus, angefangen bei den enormen Faschismen, die uns umringen und zermalmen, bis hin zu den winzigen, die die tyrannische Bitterkeit unserer alltäglichen Leben ausmachen.

Aus dem Amerikanischen von Hans-Joachim Metzger

In diesem Band erwähnte Veröffentlichungen von M. Foucault:

Wahnsinn und Gesellschaft. Eine Geschichte des Wahns im Zeitalter der Vernunft. Ffm. 1969(frz. 1961)

Die Geburt der Klinik. Eine Archäologie des ärztlichen Blicks. München 1973 (frz. 1963)

Die Ordnung der Dinge. Eine Archäologie der Humanwissenschaften. Ffm. 1971 (frz. 1966)

Archäologie des Wissens. Ffm. 1973 (frz. 1969)

Die Ordnung des Diskurses. Inauguralvorlesung am Collège de France, 2. Dez. 1970. München 1974

Überwachen und Strafen. Die Geburt des Gefängnisses. Ffm. 1976 (frz. 1975)

Sexualität und Wahrheit. Bd. 1. Der Wille zum Wissen. Ffm. 1977 (frz. 1976)

Quellenverzeichnis

"Foucault, une pensée sans aveu" par François Ewald, Magazine littéraire, Sept. 1977, Nr. 127-128

"Intervista a Michel Foucault" di A. Fontana e P. Pasquino, in: Microfisica del Potere, Turin 1977

"Corso del 7 gennaio 1976", in: Microfisica del Potere, Turin 1977

"Corso del 14 gennaio 1976", in: Microfisica del Potere, Turin 1977

"L'Occident et la vérité du sexe", in: Le Monde, Paris, 5. Nov. 1976

"Les rapports de pouvoir passent à l'intérieur des corps", in: La Quinzaine littéraire, 1.-15. Jan. 1977, Nr. 247

"Le jeu de Michel Foucault", in: Ornicar, Nr. 10, Paris Juli 1977

"Non au sexe roi", in: Le Nouvel Observateur, 12. März 1977, Nr. 644

"Pouvoirs et stratégies", in: Les révoltes logiques, Nr. 4, Winter 1977

"La grande colère des faits", in: Le Nouvel Observateur, 9. Mai 1977

"Preface" zu G. Deleuze/F. Guattari, "Anti-Oedipus", New York, 1977